Sabine Becht | Sven Talaron

111 Orte in und um Bamberg, die man gesehen haben muss

111

emons:

Bibliografische Information der Deutschen Nationalbibliothek
Die Deutsche Nationalbibliothek verzeichnet diese Publikation in der Deutschen Nationalbibliografie; detaillierte bibliografische Daten sind im Internet über http://dnb.d-nb.de abrufbar.

FSC www.fsc.org MIX Papier | Fördert gute Waldnutzung FSC® C083411

Covergestaltung: Karolin Meinert
Lektorat: Jens Dreisbach
Layout: Eva Kraskes, nach einem Konzept von Lübbeke | Naumann | Thoben
Kartografie: altancicek.design, www.altancicek.de
Kartenbasisinformationen aus Openstreetmap,
© OpenStreetMap-Mitwirkende, ODbL
Druck und Bindung: CPI – Clausen & Bosse, Leck
Printed in Germany 2024
Erstausgabe 2015
ISBN 978-3-7408-2321-4
Komplett überarbeitete Neuauflage 2024

Vorwort

Bamberg ist eine der schönsten Städte Deutschlands, vielleicht sogar die schönste. Eine prächtige Kulisse mit beeindruckender Silhouette auf sieben Hügeln, die heute die Besucher in Scharen anlockt. Dass der Zuspruch einmal derart groß würde, war vor rund 30 Jahren kaum zu ahnen. Konnte man damals noch gemütlich mit dem Fahrrad durch das Tor der Oberen Brücke fahren, gibt es hier heute oft sogar zu Fuß kaum mehr ein Durchkommen. Durchgangsstraßen wurden zu Flaniermeilen, und die Zahl der Cafés wuchs analog zur Zahl der Gäste – und der Studierenden – beständig. Anschub für diesen touristischen Boom war zweifelsohne auch und in besonderer Weise die Ernennung der Bamberger Altstadt zum Weltkulturerbe im Jahr 1993.

Es gibt zahllose Gründe, sich für Bamberg zu begeistern. Manche sind offensichtlich, wie die grandiose Stadtansicht als Ganzes, andere erzählen ihre Geschichte erst auf den zweiten Blick. Und wieder andere kann man nicht beschreiben, die muss man selbst erfahren. Man nehme nur die lauen Sommerabende auf den Kellern, wenn Brotzeit, Bier und Feierabend zum urfränkischen Lebensgefühl werden. Oder die Spaziergänge im wunderschönen Bürgerpark »Hain«, einem echten Naherholungsgebiet. Oder aber das hochklassige kulturelle Angebot, die Aufsehen erregenden Skulpturen in fast jeder Ecke der Altstadt, die Konzerte der weltberühmten Bamberger Symphoniker, die beliebten und weithin bekannten Stadtfeste… Die Liste ließe sich endlos fortsetzen.

Dieses Buch möchte Ihnen ein paar Aspekte dieser faszinierenden Stadt vorstellen, einige amüsant, andere ernst. Sie mitnehmen auf die Reise durch das »fränkische Rom« und in die Umgebung, zu 111 Orten, die bemerkens- und bewundernswert sind, skurril, komisch, traurig vielleicht oder einfach nur schön.

111 Orte

1 Das Nilkrokodil

Die Orientalische Sammlung von Herzog Max

Herzog Maximilian in Bayern (1808–1888), Vater von Elisabeth, der späteren Kaiserin der Habsburger (bekannter als Sisi), war ein weit gereister Mann, abenteuerlustig und ein begnadeter Reiter – alles Eigenschaften, die er anscheinend auch seiner Tochter in die Wiege gelegt hat. Ein Nilkrokodil zu erlegen war jedoch im 19. Jahrhundert unbestritten Männersache, so geschehen auf einer Exkursion im Jahr 1838, die den Herzog für fast acht Monate von Triest über Griechenland nach Alexandria und zur Nilfahrt von Kairo bis in den Sudan, nach Jerusalem und in den Libanon sowie zu den klassischen Bildungszielen in Italien brachte.

Von der »Grand Tour« kam Herzog Max, übrigens ein gebürtiger Bamberger, mit zahlreichen Souvenirs bestückt wieder nach Hause. Das fast vier Meter lange Nilkrokodil ist sicherlich das spektakulärste Mitbringsel seiner Reise, sieht man einmal von der Mumie – einer jungen Frau – etwa aus dem 4. Jahrhundert vor Christus ab. Die Ausstellung im Untergeschoss des Museums in Kloster Banz zeigt auch Sattel und Zaumzeug des Herzogs, in den Vitrinen außerdem ausgestopfte Vögel, Warane und kleinere Krokodile, dazu Waffen, ägyptische Grabbeigaben und vieles mehr. Spektakuläres befindet sich auch in der benachbarten Petrefaktensammlung: der gigantische Schädel und Skelettreste eines Fischsauriers, den man 1841 im Maintal entdeckt hat.

1814 erwarben besagte Wittelsbacher (allerdings aus einer Seitenlinie, daher auch der Titel »in« Bayern, nicht »von«) das Schloss beziehungsweise Kloster als Sommerresidenz, seit 1858 befindet sich hier die Orientalische Sammlung. Nach einer wechselvollen Geschichte im 20. Jahrhundert – es wurde als Kloster, dann als Lazarett und Altenheim genutzt – drohte die Anlage zu verfallen. Für eine symbolische Mark kaufte die Hanns-Seidel-Stiftung Kloster Banz und eröffnete 1983 ein Seminarzentrum mit über 100 Gästezimmern.

Adresse Museum Kloster Banz, 96231 Bad Staffelstein | **Anfahrt** A 73 bis Ausfahrt Bad Staffelstein-Kurzentrum und der Beschilderung nach Kloster Banz folgen | **Öffnungszeiten** März–Okt. Mi–So 10–17 Uhr, im Winter nur Sa/So 10–17 Uhr, Termine für Führungen unter hss.de (im Sommer circa 10- bis 15-mal pro Monat) | **Tipp** Zweimal im Jahr hört man von Kloster Banz auch in den überregionalen Medien: bei der CSU-Klausurtagung im Januar und bei den hochkarätig besetzten »Lieder auf Banz« im Juli. Karten für das beliebte Musik-Event sollte man sich möglichst frühzeitig besorgen!

2 Der Gnadenaltar

Warum Vierzehnheiligen an der falschen Stelle steht

Der Evangelische war schuld: Gottfried Heinrich Krohne, Bauleiter der Wallfahrtsbasilika, veränderte die Baupläne, die kein Geringerer als der große Balthasar Neumann entworfen hatte. Dadurch war der Grundriss versetzt und der Gnadenaltar, das spirituelle Zentrum von Vierzehnheiligen, nicht mehr das Zentrum, sondern aus der Vierung ins Langschiff gerückt. Das hat man davon, wenn man einen Protestanten als Bauleiter für eine Wallfahrtsbasilika einsetzt!

Einem Schäfer war 1445 das Christuskind erschienen. Im September, nicht im Weihnachtsrausch. Ein Jahr später erschien es erneut, umgeben von einer 14-köpfigen Kinderschar. Sie seien die Nothelfer und wollten eine Kapelle haben, sagten sie (und man stellt sich unweigerlich vor, wie die Kleinen dabei trotzig auf den Boden stampften). Auf Wunderheilungen folgten die Wallfahrer, auf einen Altar eine Kirche, nach dem Bauernkrieg eine zweite und nach deren Baufälligkeit eine dritte. Und die plante der Grandseigneur unter den Baumeistern seiner Zeit: Balthasar Neumann. Doch weil der Abt Kosten sparen wollte, hatte besagter evangelischer Architekt seine Finger im Spiel – die Not in der Nothelferkirche war nun groß: Die gelben Sandsteinmauern waren schon gesetzt, ein Neubau viel zu teuer.

Doch Neumann wusste Rat, er behielt die Grundstruktur der falsch platzierten Kirche bei und rückte mittels eines innenarchitektonischen Kniffs – indem er den gesamten Innenraum in Ovalen strukturierte und mit Kuppeln überspannte – doch die Erscheinungsstätte in den Mittelpunkt der Basilika. Über einem Loch im Kirchenboden, das die Stelle freigibt, wo das Jesuskind gewandelt sein soll, erhebt sich der prachtvolle Gnadenaltar der 14 Nothelfer, ein opulenter Rokoko-Baldachin, vielgestaltig und elegant. So steht der Gnadenaltar zwar im Langhaus, bildet aber doch das Zentrum der 1772 geweihten Basilika, das alle Blicke auf sich zieht.

Adresse Franziskanerkloster, Vierzehnheiligen 2, 96231 Bad Staffelstein-Vierzehnheiligen | ÖPNV Anfahrt A 73 bis Ausfahrt Bad Staffelstein-Kurzentrum und der Beschilderung nach Vierzehnheiligen folgen | Öffnungszeiten im Sommer täglich 6.30–19 Uhr, im Winter 7.30–17 Uhr | Tipp Wenn auch die Nothelfer in misslicher Lage passen, empfiehlt sich der »Nothelfer Trunk«. Das süffige Bier aus der Brauerei Trunk, der ehemaligen Klosterbrauerei, löst zwar keine Probleme, aber wenigstens schmeckt's (Vierzehnheiligen 3).

3 Der Abtsberg

Der siebte Hügel

Dass Bamberg auf sieben Hügeln erbaut ist, weiß hier jeder. Stolz und manchmal sogar mit ergriffenem Timbre folgt dann meist die Schlussfolgerung: Bamberg, das fränkische Rom! Ob der symbolschweren Unebenheiten soll bereits Heinrich II. seine Stadt geehrt haben. Geht es aber an die Aufzählung der sieben Hügel, wechselt auch manch eingefleischter Bamberger schmallippig das Thema. Gut, die ersten sechs Hügel sind bekannt und einfach aufzuzählen. Das liegt nicht zuletzt daran, dass sich den Hügeln obenauf gesetzte Bauwerke zu Bambergs markanter Silhouette arrangieren: Über dem Altenburgberg thront der Turm der Altenburg und auf dem Domberg, wenig überraschend, der Dom. Südlich vom Dom erheben sich die Kirchen Obere Pfarre am Kaulberg und St. Stephan auf dem Stephansberg. Hinter dem Dom steht mit St. Jakob Bambergs Beitrag zum Bin-dann-mal-weg-Weg auf dem Jakobsberg. Und schließlich bildet die mächtige Klosterkirche St. Michael auf dem Michelsberg ein fotogenes Gegengewicht zum Dom.

Nun fehlt zur Siebenhügelstadt nur noch: der Abtsberg. Doch der ist unbeturmt: Kein Gotteshaus lässt sich das Kirchendach von ein bis vier Türmen beschatten, kein Burgturm reckt sich weit sichtbar in die Höhe. Der Abtsberg verweigert sich der Stadtsilhouette und wird darob oft vergessen. Unbebaut ist er freilich nicht. Über den Berg erstreckt sich ein Wohngebiet. Herrlich grün wird es in der Senke zum Michelsberg, Streuobstwiesen und Gärten ziehen sich bis hinauf zur Gaustädter Waldwiese. Seinen Namen hat der siebte Hügel übrigens vom ehemaligen Besitzer der hiesigen Gärten, dem Abt von St. Michael.

Der Bamberger Mundartdichter Gerhard C. Krischker kommentiert den geografisch fundierten Anspruch auf Weltrang auf seine Weise: »Foweechä auf siim hüüchl, hindä siim bärch«, heißt es in dem Gedicht »bambärch III« (für Nichtfranken: Von wegen auf sieben Hügeln, hinter sieben Bergen).

Adresse zwischen Regnitz, Maienbrunnen, Ottobrunnen und Frutolfstraße, 96049 Bamberg | ÖPNV Stadtbus 916, Haltestelle Schweinfurter Straße oder Frutolfstraße | Tipp Die lang gezogene Waldwiese am südlichen Ortsrand von Gaustadt bietet herrliche Ausblicke auf Bamberg und Umgebung. Ideal auch als Hundeauslauf.

4 Das Äffchen im Kaisersaal

Jede Menge Habsburger und ein Primat mit Übersicht

Er kam nicht. Der Kaiser. Dabei hatte Fürstbischof Lothar Franz von Schönborn in seiner Neuen Residenz eigens prächtige Räumlichkeiten für kaiserlichen Besuch – erwartet wurde der Habsburger Joseph I. – einrichten lassen, mitsamt prunkvollem Kaisersaal. Auch in der Fremde hatte ein Kaiser schließlich angemessen zu logieren und zu arbeiten, also repräsentabel Hof zu halten.

Der Kaisersaal ist über und über mit üppigen barocken Wandmalereien verziert, *a secco* aufgetragen von dem in Würzburg tätigen Tiroler Melchior Steidl. An den Wänden war Platz für 16 überlebensgroße Gemälde von römisch-deutschen Kaisern respektive Königen. Man entschied sich ausschließlich für Habsburger, schließlich wollte man Seiner zu erwartenden Majestät nicht den Anblick etwa eines Luxemburgers oder gar eines Wittelsbachers zumuten. Allerdings waren bis dato erst 15 Habsburger Herrscher zu höchsten Reichswürden gelangt. In das 16. Feld setzte man also Heinrich II. Mit dem heiligen Kaiser kann man in Bamberg schließlich nicht viel falsch machen. Das Highlight der Secco-Malerei aber ist der Trompe-l'œil-Clou an der Decke. In der Illusion einer hoch aufragenden Säulenhalle entfaltet sich eine überbordende, ja chaotische Allegorienschau, die den Blick hinauf in den Himmel zieht, zu einer Darstellung des »Guten Regiments«.

Als hätte es sich hineingestohlen in das üppige, sinnschwere Gepränge, klammert sich ein kleines Äffchen an eine der Säulenillusionen und blickt aufmerksam hinab. Auch das Äffchen täuscht das Auge, denn: Ganz gleich, wo man steht im Kaisersaal, es sieht einen an. Als würde es alles genau beobachten wollen, was im Kaisersaal so vor sich geht.

Nur eines hat das Äffchen eben nie gesehen: einen Kaiser. Weder Joseph I. noch seine Nachfolger residierten in der Neuen Residenz. Wenngleich … Napoleon logierte hier – aber diese Art Kaiser hatte Lothar Franz wohl nicht im Sinn.

Adresse Neue Residenz, Domplatz 8, 96049 Bamberg | ÖPNV Stadtbus 910, Haltestelle Domplatz | Öffnungszeiten April–Sept. 9–18 Uhr, Okt.–März 10–16 Uhr | Tipp Klassische Musik vor traumhafter Kulisse: Im Sommer dient der zauberhafte Rosengarten mit seinem herrlichen Ausblick über die Stadt als Bühne für die Rosengarten-Serenaden (Termine und Tickets: rosengarten-serenaden.com).

5 Der Agnes-Schwanfelder-Eklat

Resolute Gärtnerin mit Hang zur Fäkalsprache

Zugegeben, das Ganze ist ein wenig vulgär und auch schon ziemlich lange her, zurückliegend in fernen Zeiten, als Amerika noch unentdeckt war und auch der Buchdruck gerade erst im seinerzeit wirklich sehr weit entfernten Mainz erfunden wurde. Zugetragen hat sich die Begebenheit irgendwo am heute so unglaublich idyllisch anmutenden Gangolfsplatz hinter der gleichnamigen Kirche, eine der ältesten der Stadt. Alles wäre natürlich längst in Vergessenheit geraten, gäbe es nicht etwas Handschriftliches, das Protokoll eines Rechtsstreits, angefertigt am 4. Oktober des Jahres 1454, als man sich ob der wenige Tage vorangegangenen Auseinandersetzung vor dem Richter wiederfand.

Mitten in der Nacht des 30. September 1454 kam es laut – unter Eid getätigter – Zeugenaussagen zu einer lautstarken Auseinandersetzung zwischen der beklagten Agnes Schwanfelder und dem Kläger Hans Schwab, Chorherr von St. Gangolf. Einen »Hurensohn« soll sie ihn genannt haben, dem sie »auf die Glatze scheißen wolle, so dass es ihm über seine Backen hinab ins Maul ränne«, und schließlich: dass er sie »im Arsche lecken solle«. Zur Untermauerung ihrer Aussage soll sie dem Chorherrn auch noch ihr entblößtes Gesäß offenbart haben.

Was genau Auslöser der üblen Beschimpfungen gewesen ist, bleibt jedoch im Dunkeln, ebenso das amtliche Urteil. Und auch über Agnes Schwanfelder weiß man nicht allzu viel, außer dass sie ein berüchtigtes Mundwerk gehabt haben soll, in der Lugbank wohnte, eine Gärtnersfrau war und zum Zeitpunkt des Eklats schon verwitwet. Fest steht aber: Der »Schwäbische Gruß« (aka »Götz-Zitat«) kommt eigentlich aus Franken.

Passenderweise ist die Parallelstraße zur recht kurz geratenen Agnes-Schwanfelder-Straße in Bamberg-Ost einer weiteren Bambergerin mit losem Mundwerk gewidmet: Der Raatschkatlweg erinnert an die Mundartdichterin Fanny Decker (1902–1966).

Adresse Gangolfsplatz, 96050 Bamberg | ÖPNV Stadtbus 901, 902, 907, 911, Haltestelle Luitpoldstraße | Tipp Ein legendäres Schandmaul war die Humsera. Der Markthök'n, einer Gemüseverkäuferin ohne eigene Felder und mit der zweifelhaften Verkaufsstrategie, die Kundschaft zu beleidigen, ist am Grünen Markt ein Denkmal gesetzt.

6 Die Altarinsel

Moderne Kunst im Kirchenraum

Evangelisch wurde St. Stephan durch eine kuriose Wendung der bayerischen Geschichte: Würzburg gehörte zur Toskana. Als Napoleon Europa neu ordnete, schlug er den fränkischen Flickenteppich Bayern zu, das seinerseits 1805 Würzburg mit dem Großherzog der Toskana gegen Tirol tauschte. In Würzburg saß der oberste Hirte der fränkischen Protestanten, Dr. Fuchs. Der Konsistorialrat musste also umziehen – aus dem toskanischen Würzburg ins bayerische Bamberg, und dort brauchte er ein Gotteshaus. Der bayerische König Max I. Josef genehmigte den Bamberger Protestanten eine eigene Pfarrgemeinde, deren Kirche 1807 eingeweiht wurde.

Es ist nicht irgendeine Kirche, die die Evangelischen bekamen. Zwar fristete der prachtvolle Bau ab 1803 als Obst- und Gemüselager ein entweihtes Dasein, doch ursprünglich war St. Stephan von niemand Geringerem als Kaiser Heinrich und seiner Gattin Kunigunde gestiftet worden. Der barocke Kirchenbau wurde im 17. Jahrhundert auf den Grundmauern der alten Kirche mit dem Grundriss eines griechischen Kreuzes errichtet.

In der Vierung des grandios lichten Gotteshauses befindet sich die Altarinsel – an sich schon eine großartige Idee, rückt doch der Gottesdienst dadurch auch räumlich in die Mitte der Gemeinde. Gestaltet wurde die Altarinsel – Kanzel, Taufe und Altar – 1985/86 durch Jürgen Goertz. Ein beeindruckendes Werk, vielleicht nicht hübsch, aber auf besondere Weise faszinierend. Das Christuskind auf der Taufe scheint alles Leid der Welt auf sich zu vereinen, der Hahn steht über dem Ohr des Petrus an der Kanzel, am Altar findet sich ein zerlesenes Buch, das doch alles bedeutet. »Gimme Shelter« der Münchnerin Brigitte Schwacke weist auf den Schutzmantel Kunigundes hin, und in der Höhe ragt die Skulptur »Stärker als der Tod« von Rui Chaves in den Raum. Was wäre die Kunstgeschichte, hätte nicht jede Zeit ihre Kunst in die Kirchen getragen?

Adresse Stephansplatz 5, 96049 Bamberg | ÖPNV Stadtbus 901, 908, 910, Haltestelle Schranne | Öffnungszeiten 9–17 Uhr, vor allem im Sommer am Samstag ab 14 Uhr und Sonntagvormittag wegen Taufen, Trauungen und Gottesdiensten besser keinen Besuch planen | Tipp Zwischen Stephansberg und Domberg liegt das Pfahlplätzchen. Im Haus zum Krebs lebte 1807/08 Georg Wilhelm Friedrich Hegel, damals Redakteur der »Bamberger Zeitung«.

7 Die Alte Mauth

Kriegswunden im historischen Stadtbild

Die Alte Mauth war der wohl schwerste architektonische Verlust, den die Stadt im Zweiten Weltkrieg erleiden musste. Angesichts des herrlich geschlossenen Stadtbildes auf der einen und der schrecklichen Bilder aus Schweinfurt, Würzburg oder Nürnberg auf der anderen Seite mag man vielleicht meinen, dass Bamberg vergleichsweise glimpflich davongekommen ist. Aber »vergleichsweise« ist bekanntlich relativ. Durch Fliegerbomben und Artilleriebeschuss wurden in den Jahren 1944/45 über 65 Prozent der Gebäude beschädigt und – weit schlimmer – verloren über 378 Menschen ihr Leben.

Die Alte Mauth wurde im 16. Jahrhundert anstelle des alten, des ersten Rathauses errichtet. Der stattliche Renaissancebau mit seinem eleganten Giebel diente als Markt- und Festhalle. Seinen Namen erhielt das Gebäude im 19. Jahrhundert, als das bayerische Zoll- und Mautamt einzog.

Beim schweren Luftangriff auf die Stadt am 22. Februar 1945 wurde das altehrwürdige Gebäude in Mitleidenschaft gezogen – einen weiteren Angriff auf die Stadt am darauffolgenden Tag verhinderte eine dicke Wolkendecke (siehe Nummer 75). Der Artilleriebeschuss beim Einmarsch der US-Armee am 13. April fügte der Alten Mauth schwerste Schäden zu. Der prachtvolle Renaissancebau gegenüber dem Gabelmann war nicht mehr zu retten und wurde durch einen Neubau ersetzt.

Das Fehlen der Alten Mauth ist aber bei Weitem nicht die einzige Kriegserinnerung im Stadtbild. Am benachbarten Obstmarkt beispielsweise änderte sich sogar die Straßenführung markant. Auch am anderen Ende der Fußgängerzone zeugt die zweckdienliche 1950er-Jahre-Bebauung von den Kriegsschäden, genauso wie lange Zeit eine Baulücke auf der anderen Seite der Kettenbrücke. Sie war die letzte sichtbare offene Wunde, die der Krieg ins Stadtbild geschlagen hatte, und wurde erst kürzlich, fast 80 Jahre nach Kriegsende, wieder geschlossen, also bebaut.

Adresse Grüner Markt 5, 96047 Bamberg | ÖPNV Stadtbus 904, 906 oder 910, Haltestelle Am Kranen, oder zu Fuß (mitten in der Altstadt) | Tipp Das winzige Kunstkontor an der Oberen Brücke ist die Ladengalerie der Kunstgalerien Böttingerhaus. Auf engstem Raum findet sich eine eindrucksvolle Auswahl großer Kunst.

8 Das Apfelweibla

Ein Türknauf und ein kunstsinniger Weinhändler

»Da verzog sich das metallene Gesicht im ekelhaften Spiel blau glühender Lichtblicke zum grinsenden Lächeln. Ach!, es war ja das Äpfelweib …«. Dieses vermaledeite Grinsen. Es sollte den armen Studenten, der in Eile einem Marktweib den Korb mit Äpfeln und Kuchen umgestoßen hatte, noch heimsuchen.

Der arme Student entstammt der Erzählung »Der goldne Topf« von E. T. A. Hoffmann. Der unheimliche Knauf – der in der Geschichte zum Türklopfer wird, in Wahrheit aber recht sympathisch lächelt – schmückt eine Tür in der Eisgrube. Hoffmann kannte diese Tür recht gut. Wir stellen uns vor, wie er an vielen Abenden – beseelt oder beleidigt, vielleicht gelangweilt, wahrscheinlich verzweifelt verliebt, sicherlich aber ein wenig betrunken – die Tür an dem runden, pausbäckigen Knauf zuzog, um sich auf den Heimweg zu machen. Hier nämlich wohnte seit 1811 Carl Friedrich Kunz, ein wohlgelittener Herr der Bamberger Gesellschaft, ein enger Bekannter Hoffmanns, oder besser: sein kunstsinniger Zechkumpan mit stets gefülltem Keller und später sein Verleger.

Kunz betrieb eine Weinhandlung und wohnte zunächst in bester Lage, im Krackhardt-Haus am Grünen Markt. Doch seine Leidenschaft für die schönen Künste war ausgeprägter als sein kaufmännischer Elan. Die (weniger kostenintensive) Wohnung in der Eisgrube wurde für ein paar Jahre das Zentrum des literarischen Lebens. Schriftsteller und Literaturfreunde gaben sich das Apfelweibla in die Hand. Man traf sich in der umfangreichen Privatbibliothek zu schwerem Wein und geistreichen Gesprächen. Kunz verschrieb sich immer mehr der Literatur. Er gründete eine Verlagsbuchhandlung, machte aus seiner Privat- eine Leihbibliothek, verkaufte schließlich Wein- und Buchhandlung und widmete sich ganz dem Schreiben. Ambitioniert, aber brotlos. Kunz starb verarmt im Bamberger Krankenhaus. Das Apfelweibla indes lächelt noch immer in der Eisgrube.

Adresse Eisgrube 14, 96049 Bamberg | ÖPNV Stadtbus 901, 908, 910, Haltestelle Schranne | Tipp Über einem Treppentürmchen der Oberen Pfarre kniet das »Säufermännchen«. Es soll der Baumeister der Kirche sein, der mit einem Horn ihre Fertigstellung verkündete, doch die Kirchgänger identifizierten das Instrument als Trinkhorn und den Baumeister als »Säufermännchen«. Horn und Hände sind Opfer eines Sturms geworden, der Name ist geblieben.

9__Der Apostelabschied

Spurensuche in historischer Stadtansicht

Es ist eine rührende Szene, überaus lebendig dargestellt. Die Apostel verabschieden sich. Jeder für sich wird in die Fremde reisen, um das Evangelium zu verkündigen. Drei sind schon unterwegs und haben dem Betrachter den Rücken zugewandt. In der Bildmitte teilt einer der Apostel sein Brot mit einem anderen, der sich gerade die Feldflasche füllt. Die übrigen umarmen sich zum Abschied oder sind in ein letztes Gespräch vertieft. Doch im Hintergrund der biblischen Szene ist nicht Jerusalem zu sehen. Die Apostel verabschieden sich vor den Toren von Bamberg.

Das Gemälde wird gemeinhin Wolfgang Katzheimer dem Älteren zugeschrieben. Datiert ist es nicht, doch lässt sich der Entstehungszeitraum recht genau einengen. Der ein oder andere topografische Wackler mag der Bildkomposition geschuldet sein, doch im Detail ist die Bamberger Stadtansicht bemerkenswert exakt. Eine Fassade der Alten Hofhaltung ist noch holzverschalt. Diese Verschalung brannte am 16. Oktober 1487 ab. Das Bild zeigt also eine Ansicht vor 1487. Es geht aber noch genauer: Zwischen Dom und St. Michael sieht man einen Kran über die dachlose Kapelle St. Getreu ragen. Rechnungen des Klosters St. Michael belegen, dass der Neubau 1483 begonnen und bereits 1484 der Dachstuhl errichtet wurde. Nicht unwahrscheinlich also, dass das Bild Ende 1483 gemalt wurde.

Andere Details sind nicht minder interessant. Der mächtige Wohnturm auf der Altenburg, seinerzeit Residenz des Fürstbischofs, dominierte die Anlage bis in die Mitte des 16. Jahrhunderts, vor den Toren der Stadt erstreckt sich das Schwarze Wasser, ein Seitenarm der Regnitz. Der Steg entspricht heute dem Verlauf der Langen Straße. Das Gemälde selbst stammt aus der 1804 abgerissenen Kirche (Alt) St. Martin, die am niedrigen Turm (rechter Bildrand) zu erkennen ist. Der Apostelabschied ist im Historischen Museum in der Alten Hofhaltung zu sehen.

Adresse Historisches Museum, Alte Hofhaltung, Domplatz 7, 96049 Bamberg, museum.bamberg.de/historisches-museum | ÖPNV Stadtbus 910, Haltestelle Domplatz | Öffnungszeiten Ostern – Nov. Di – So 10 – 17 Uhr, im Winter nur während der Sonderausstellungen | Tipp Vor den Portalen des Bamberger Doms hocken die Domkröten. Einst waren sie stolze Löwen, doch nagte der Zahn der Zeit so gründlich am Sandstein, dass der Volksmund sie zu Kröten degradierte.

10 Das Aufseßhöflein

Hochzeitsschlösschen hinter Schrebergärten

Zwischen gleich mehreren Bahnstrecken und einer typischen Schrebergartenanlage versteckt sich das Aufseßhöflein in der Bamberger Nordflur mit ihren weiten Gärtnerflächen. Schon Mitte des 15. Jahrhunderts ist an dieser Stelle ein erstes Gebäude erwähnt, seinerzeit von Weihern umgeben, daher auch der zweite gebräuchliche Name: Seehöflein. Das heutige Schlösschen stammt aus dem Jahr 1724, Architekt war vermutlich kein Geringerer als Johann Dientzenhofer, der Hofbaumeister des bauwütigen Fürstbischofs Lothar Franz von Schönborn, Auftraggeber die Familie von Aufseß, die sich ein ländliches Schloss in prachtvoller Ausstattung vorstellte. Zu prachtvoll vielleicht, denn schon ein halbes Jahrhundert später war man pleite, das Anwesen wurde verkauft, im 19. Jahrhundert zum Bauernhof mit Kuhstall und Heuboden umgewidmet, die Weiher zugeschüttet.

Dass es das Aufseßhöflein in die Gegenwart geschafft hat, ist nicht selbstverständlich, denn die Stadt Bamberg wollte das ramponierte Gebäude schon 1952 aufgeben. 2011 erwarb die heutige Besitzerfamilie das über Jahrzehnte fast schon zur Ruine verkommene Barockschlösschen – samt besorgniserregenden Problemen in der Statik und Hausschwamm, dafür aber ohne Fenster und Türen. Dass man dieses Juwel überhaupt retten konnte, ist nicht nur dem unermüdlichen Engagement der Besitzer, sondern auch der finanziellen Unterstützung diverser Stiftungen zu verdanken. Nach nicht einmal drei Jahren war das Projekt vollendet und wurde 2015 mit einem Sonderpreis in der Denkmalpflege bedacht.

Heute ist das Aufseßhöflein eine besonders schöne, wenngleich kaum bekannte Hochzeitslocation, fast noch so etwas wie ein standesamtlicher Geheimtipp. Geheiratet wird im lichtdurchfluteten Gartensaal in der Beletage. Wer zufällig gerade nicht eingeladen ist, kann einem der mehrmals im Jahr stattfindenden Kammerkonzerte im Saal lauschen.

Adresse Aufseßhöflein 1, 96052 Bamberg | ÖPNV Stadtbus 904, Haltestelle Zollhaus | Öffnungszeiten nur zu Veranstaltungen (aufsesshoeflein.de) | Tipp Das Theater im Gärtnerviertel (TiG) gastiert an vielen verschiedenen, auch ungewöhnlichen Orten in Bamberg. Wo genau, wann und was gespielt wird, erfährt man unter tig-bamberg.de.

11 Die Aula

Mönche, Soldaten und ein Symphonieorchester

Das ehemalige Dominikanerkloster (gemeinhin auch: Dominikanerbau) hat eine wechselvolle Geschichte hinter sich. Jahrhunderte bauten Dominikanermönche an dem verwinkelten Gemäuer. Nach der Säkularisation kam das Militär, nach dem Krieg die Musik.

Anfang des 14. Jahrhunderts lud ein Dominikaner aus Kärnten, just zum Fürstbischof von Bamberg befördert, seine Ordensbrüder ein, im Sand ein Kloster zu bauen. Ob des beengten Grunds war der Bau anfangs vergleichsweise bescheiden, wuchs aber über die Jahrhunderte dank Grundstückserwerbungen stetig, wenn auch reichlich unregelmäßig. Abhilfe schuf ein Neubau aus dem Architekturbüro Justus Heinrich Dientzenhofer, dessen prachtvolle barocke Fassade sich unaufdringlich in das spektakuläre Bergstadtpanorama einpasst. 1803 zwang die Säkularisation die Dominikaner auszuziehen. Statt Gebeten echote nun der Klang von Hufeisen und Stiefeln durch die Klostermauern, in denen ein Regiment Dragoner stationiert wurde. Auch die Kirche wurde zweckentfremdet, etwa als Militärlazarett und -magazin.

Die Wirren des Zweiten Weltkriegs spülten mit den vielen Flüchtlingen auch Menschen nach Bamberg, die für die Stadt ein Segen sein sollten: Musiker. Zahlreiche Mitglieder des Deutschen Philharmonischen Orchesters aus Prag verschlug es hierher. Als Bamberger Symphoniker neu formiert, fand der grandiose Klangkörper um den Dirigenten Joseph Keilberth ein neues musikalisches Zentrum in der ehemaligen Kirche des Dominikanerklosters. 1993 erhielt das weltberühmte Symphonieorchester ein Stück flussabwärts eine akustisch angemessenere Spielstätte: die Sinfonie an der Regnitz. Nachdem die letzte Haydn-Symphonie verklungen war, wurde das Kirchenschiff des Dominikanerbaus, der mit schlanker gotischer Erhabenheit alle Launen der Geschichte überstanden hat, einer neuen Bestimmung zugeführt und dient, jüngst renoviert, der Universität als Aula.

Adresse Dominikanerstraße 2a, 96049 Bamberg | ÖPNV Stadtbus 901, 908, 910, Haltestelle Schranne | Tipp 50-jähriges Jubiläum feierte eine Institution in der Sandstraße: der Bamberger Jazz Club. Konzerte finden im Jazzkeller vor allem freitags oder samstags statt (Sept.–Mai), jcbamberg.de.

12 Der Aussichtsturm

Bambergs schiefer Turm in der Gärtnerstadt

Man könnte meinen, bei der Errichtung des Aussichtsturms sei etwas schiefgegangen. Als hätte der sandige Boden unter dem Stahlgerippe nachgegeben. Denn die Aussichtsplattform steht recht schief über der Böhmerwiese. Doch ist der Turm mit Absicht leicht gekippt. Die Aussichtsplattform, eine Konstruktion aus Stahl und Gussglas, erinnert Standort-stimmig an ein Gewächshaus. Die Schräglage soll irritieren, gerade auch im Kontrast mit dem spargelgeraden Turm von St. Otto (auch Spargelturm genannt). Der Aufstieg in den transparenten Turm vermittelt ein leicht beschwipstes Raumgefühl. Doch oben im Gewächshauskunstwerk öffnet sich ein wunderbarer Ausblick über die Untere Gärtnerei.

Dass Bamberg sich seit 1993 zum UNESCO-Weltkulturerbe zählen darf, ist nicht allein der malerischen Melange aus mittelalterlichem und barockem Antlitz zu verdanken, das einem in der Insel- und der Bergstadt auf Schritt und Tritt entgegenstrahlt. Es ist ausdrücklich auch die Gärtnerstadt, die als weltkulturerbewürdig geehrt wird.

Im Glashaus wird sichtbar, was man entlang der umliegenden Straßen nur ahnen kann: Hinter den charakteristischen Gärtnerhäusern erstreckt sich eine weite, freie Anbaufläche. Die lang gezogenen Gärten mitten in der Stadt sind ein einzigartiges Beispiel für die innerstädtischen Wohn- und Arbeitsstätten der sogenannten Ackerbürger. Die Tradition des städtischen Gartenbaus ist bis heute lebendig. Denn auch wenn der ein oder andere Acker brachliegt, in vielen der historischen Gärten (hier oder in der Oberen Gärtnerstadt) werden noch immer Obst und Gemüse, Kräuter und Blumen angebaut. Einen ersten Überblick über den urbanen Gartenbau kann man sich im Aussichtsturm verschaffen.

In der Unteren Gärtnerei hat also auch das fränkische Rom seinen schiefen Turm. Kein malerischer Campanile, sondern ein schiefes, in die Höhe geschossenes Gewächshaus mit Weltkulturerbe-Blick.

Adresse Heiliggrabstraße, 96052 Bamberg | **ÖPNV** Stadtbus 904, 915, Haltestelle Ottokirche | **Öffnungszeiten** 9–17 Uhr | **Tipp** Schülermotivation von zweifelhafter didaktischer Qualität kann man an der jüngst sanierten Fassade der Luitpold-Grundschule bewundern. Grausige Fratzen blicken von den Portalen (rechts für die Buben, links für die Mädchen) und mahnen die armen Gärtnerstadtkinder: »Sich regen bringt Segen« und »Ohne Fleiß kein Preis«.

13 Das Bamberger Hörnla

Unscheinbar köstlich

Sieglinde, Nicola, Annabelle, Linda – scheint fast so, dass beliebte Kartoffelsorten mit klangvollen Frauennamen benannt werden. Kunigunde wäre noch frei. Doch das Bamberger Hörnla hat keine Namenspatin, sein sprechender Name erzählt von der krummen, hörnchenhaften Erscheinung der kleinen Sorte. Doch genau die wäre dem Hörnla beinahe zum Verhängnis geworden.

Das ausschließlich in Franken angebaute Bamberger Hörnla ist eine der ältesten Kartoffelsorten des Landes. Sie präsentiert sich klein und krumm, ein wenig dünnhäutig und mit rötlichem Schimmer. Im Geschmack intensiv, von nussigem Aroma (und festkochend übrigens) zeigt sich das Hörnla allerdings als wenig ergiebige und vergleichsweise aufwendig, nämlich von Hand zu erntende Kartoffelsorte. Mit dem Aufkommen schweren Erntegeräts wäre sie beinahe unter die mächtigen Traktorenräder geraten. Gerettet wurde das Bamberger Hörnla von wenigen regionalen Erzeugern, deren Beharrlichkeit Früchte trug: 2005 wurde das Hörnla in die »Arche des Geschmacks« von Slow Food aufgenommen und 2008 zur Kartoffel des Jahres gekürt! Den Feinschmecker freut's! Dennoch bleibt es eine Rarität. Der Hörnla-Anteil bei der landesweiten Kartoffelernte liegt im Promillebereich.

Nur ein gutes Dutzend Erzeuger dürfen die Kartoffel mit dem geschützten Herkunftsprädikat (g.g.A.) anbieten, in Bamberg selbst nicht einmal eine Handvoll. Einer davon ist Sebastian Niedermaier mit seinem Bioland-Betrieb in der Mittelstraße. Niedermaier ist Gärtner in der elften Generation und einer der jungen Vertreter, die für den urbanen Gartenbau in Bamberg stehen. Nach der Ernte im September gibt es das Hörnla auch im Hofladen. Doch nun zum Praktischen: Das Bamberger Hörnla ist vergleichsweise teuer. Zum Schälen viel zu schade, wird es ordentlich geschrubbt. Geradezu prädestiniert ist es für einen Kartoffelsalat, in Butter geschwenkt oder im Ofen gegrillt.

Adresse Mittelstraße 42, 96052 Bamberg, sebastian-niedermaier.de | ÖPNV Stadtbus 901, 902, 907, 911, Haltestelle Luitpoldstraße | Öffnungszeiten Di und Sa 9–13 Uhr, Mi und Fr 14–19 Uhr | Tipp Die nahe gelegene Luitpoldstraße, die vom Bahnhof über den Kanal in die Innenstadt führt, hieß ursprünglich schlicht Bahnhofstraße und wurde 1887 anlässlich eines Besuchs des gleichnamigen Prinzregenten umbenannt.

14_Die Barockkapelle

Seelenheil im alten Krankenhaus

Dass ein Hotel über eine eigene Kapelle verfügt, kennt man meist von touristisch reaktivierten Adelsimmobilien. Der Name des eleganten Stadthotels in Bestlage weckt genau diese Erwartung, das Residenzschloss war allerdings niemals eine Fürstenherberge, sondern ehedem ein Krankenhaus.

Und es war nicht irgendein Krankenhaus, das 1789 eröffnet wurde. Es war das seinerzeit modernste Hospital Europas. Von überallher pilgerten die Kranken in die Sandstraße, um sich in Bamberg behandeln zu lassen. Kein Siechenhaus, das die Unheilbaren lediglich einlagerte, sondern ein funktionales Krankenhaus mit hohen hygienischen Standards – jedem Patienten ein eigenes Bett mit sauberen Laken und sogar einen eigenen Abtritt, auf den Gängen kleine Brunnen und jeder Raum stets gut belüftet. Der Bauherr des menschenfreundlichen Unternehmens war der aufgeklärte Fürstbischof Franz Ludwig von Erthal. Für die medizinischen Belange war des Fürstbischofs Leibarzt und enger Vertrauter Adalbert Friedrich Marcus verantwortlich, der auch der erste Leiter des Krankenhauses wurde.

Das Krankenhaus an der Regnitz tat bis zum Bau des Klinikums am Bruderwald seinen Dienst. Danach wurde es in ein Hotel umgewandelt. Über dem Eingangsportal erinnert die Inschrift an die ursprüngliche Bestimmung des Hauses: »Der Nächstenliebe gewidmet: das ist: Krankenspital für die leidende Menschheit«. Und über der Lounge liegt noch immer die hübsche kleine Hauskapelle des Allgemeinen Krankenhauses. Die Barockkapelle erstreckt sich mit der Empore über zwei Stockwerke. Sanftes Licht fällt durch die Buntglasfenster, die Heiligenporträts zeigen, darunter auch Heinrich und Kunigunde, im Oval darüber trägt St. Christophorus das Christuskind. Zwischen den Fenstern erhebt sich der schmucke barocke Altar. Der beschauliche Ort mit dem ungewöhnlichen philanthropischen Hintergrund wird heute vornehmlich für Hochzeiten genutzt.

Adresse Welcome Hotel Residenzschloss, Untere Sandstraße 32, 96049 Bamberg, welcome-hotels.com / hotels / residenzschloss-bamberg | **ÖPNV** Stadtbus 916, Haltestelle Stadtarchiv | **Tipp** Gegenüber strahlt die vielgestaltige Jugendstilfassade des ehemaligen Chirurgischen Pavillons (Hans Jakob Erlwein, 1899/1901). Heute ist darin das Stadtarchiv untergebracht, das auch stets sehenswerte wechselnde Ausstellungen veranstaltet.

15 Das Berganza-Denkmal

E. T. A. Hoffmann und der sprechende Hund

Eine Begegnung der besonderen Art hatte der Kapellmeister des Bamberger Theaters eines Abends, allein und bestimmt ein wenig trunken im hellen Mondschein auf seinem Rückweg vom Wirtshaus in Bug durch den Hain in seine bescheidene Stadtwohnung. Bei der Nepomuk-Statue beim Fluss soll es gewesen sein, als ein Seufzen den Heimwanderer erschreckte und er sogleich eines recht gefährlichen, zudem knurrenden »schwarzen Bullenbeißers« ansichtig wurde. Doch der Hund Berganza entpuppt sich als freundlich – und äußerst gesprächig noch dazu.

In der ausführlichen Lebensgeschichte des gewitzten Vierbeiners offenbart E. T. A. Hoffmann höchst amüsant und auch ein wenig spöttisch, fast gehässig die ein oder andere menschliche Schwäche. Die Erzählungen finden aber ein abruptes Ende, Berganza verschwindet so schnell, wie er erschien. Nachzulesen in Hoffmanns »Nachricht von den neuesten Schicksalen des Hundes Berganza« von 1814. Vorlage für das Gespräch war der Hundedialog zwischen Cipión und Berganza in Cervantes' Erzählungen. Das 1968 aufgestellte Berganza-Denkmal von Hermann Leitherer an der Schillerwiese erinnert an das Gespräch.

Dass der Hain ein wunderbarer Ort für Hunde ist, steht außer Zweifel. Aber nicht nur Hund (Badestellen! Wiesen!) und Halter finden hier ihr Glück, auch die hundelosen Bamberger lieben ihren Bürgerpark. 1803 wurde auf einer Forst- und Weidefläche zunächst der Theresienhain (vom Mühlwörth bis zur Brücke des Münchener Rings) eingerichtet. Der Englische Garten soll als Vorbild für den Park gedient haben – unschwer zu erkennen am Monopteros. Ab 1825 wurde dann der südlich angrenzende Luisenhain erschlossen, der sich bis zur Buger Spitze erstreckt. Zu Hoffmanns Zeiten befand sich hier noch ein Wald, und um nachts nach Hause zu kommen, musste er sich vom Fährmann bei der Buger Spitze übersetzen lassen. Dieser riet ihm, besser nicht vom Weg abzukommen.

Adresse Schillerwiese im Hain, 96047 Bamberg | **ÖPNV** Stadtbus 909, Haltestelle Wilhelm-Löhe-Heim, unter der Brücke beim Monopteros hindurch zur Schillerwiese, das Denkmal befindet sich auf deren rechter Seite | **Tipp** Ein charmantes Denkmal für einen Kater steht vor dem E. T. A.-Hoffmann-Theater. Selbstbewusst steigt dieser einem schmächtigen Herrn mit hohem Hut und langem Mantel auf den Buckel. Es handelt sich natürlich um den berühmten Kater Murr (und E. T. A. Hoffmann).

16 Der Bergfried

Bambergs höchster Punkt

Altes Rathaus, Bamberger Reiter, Apfelweibla, Rauchbier … Bamberg ist gesegnet mit Wahrzeichen. Eines steht – dank exponierter Lage auf dem höchsten der sieben Hügel – besonders prominent im Stadtbild: die Altenburg mit ihrem mächtigen, 33 Meter hohen Bergfried. Doch weite Teile der eindrucksvollen Altenburg entstammen weniger dem Mittelalter als vielmehr der romantischen Vorstellung des beginnenden 19. Jahrhunderts von einer mittelalterlichen Bilderbuchburg.

Erstmals erwähnt wurde die Altenburg 1109 und im 15. Jahrhundert ausgebaut. Seit dem frühen 13. Jahrhundert diente sie als Bischofssitz, bis sie 1553 gebrandschatzt und gründlich demoliert wurde. Die ruinierte Wehranlage bröckelte vor sich hin, bis der berühmte Arzt Dr. Adalbert Friedrich Marcus (1753–1816) sich ihrer 1801 annahm und für den Erhalt und Wiederaufbau einsetzte. Bald nach Marcus' Tod gründete sich der Altenburgverein, der sein Erbe fortsetzt – und damit einer der ältesten Denkmalschutzvereine ist. Stück für Stück wurde neu gebaut, auf- und überbaut – der prägnante Palas beispielsweise entstand erst um 1900 –, bis die Altenburg ihr heutiges Aussehen erhielt.

In Gänze aber entspringt die Altenburg keineswegs dem 19. Jahrhundert. Ausmaße und Grundstruktur, der Kern des streng gesicherten Torhauses, all das stammt aus dem frühen 15. Jahrhundert. Und besonders markant: Der Bergfried wurde um 1400 errichtet. Ursprünglich war er nur über Leitern zu erreichen, einen Eingang gab es erst in etwa drei Meter Höhe. Das malerische Treppentürmchen daneben hat man Mitte des 19. Jahrhunderts angebaut. Heute führen 168 Stufen hinauf in die »Laterne«, von der man einen phantastischen Rundumblick auf den Steigerwald im Südwesten, das breite Regnitztal im Süden, den Staffelberg im Norden und bis zur Giechburg im Osten hat. Der Altenburgverein übrigens kümmert sich bis heute um die Burg und den mächtigen Bergfried.

Adresse Altenburg 1, 96049 Bamberg | **ÖPNV** Stadtbus 913 Richtung Wildensorg, Haltestelle Wildensorger Straße, dieser ein Stück weiter folgen und dann halb links in den Rinnersteig und stetig hinauf zur Burg | **Öffnungszeiten** im Sommer täglich bis circa 19 oder 20 Uhr, im Winter eingeschränkt, meist aber am Wochenende bei entsprechend schönem Wetter | **Tipp** Der berühmte Arzt, Kunstfreund und Burgbesitzer Dr. Adalbert Friedrich Marcus wollte die letzte Ruhe bei seiner geliebten Burg finden. Sein Grab liegt ein Stück unterhalb, bei der Brücke linker Hand den Treppenweg hinunter und dann links in den kleinen Weg.

17 Das Bibra-Haus

Barock im Sinne des Fürstbischofs

»Ich bin vom Bauwurm besessen«, ließ Fürstbischof Lothar Franz von Schönborn seine Untertanen wissen und seinen Worten Taten folgen: In Bamberg sollte gebaut werden, möglichst opulent und mehrgeschossig, mit prachtvollen Fassaden, und wenn schon nicht neu, dann doch zumindest runderneuert. Den Bürgern versprach Lothar Franz für den Umbau ihrer Häuser erhebliche Steuernachlässe – eine spätbarocke Abwrackprämie für mittelalterliche Immobilien. Und wer ein neues Haus errichtete, konnte sogar mit jahrzehntelanger Steuerbefreiung rechnen. Die Bamberger waren begeistert und bauten.

Im Zentrum des Baubooms in den ersten Jahren des 18. Jahrhunderts stand die Karolinenstraße, heute Bambergs barocke Prachtmeile, die sich zwischen Oberer Brücke und Domplatz bis zum Torschuster erstreckt. Viele der prachtvollen Gebäude haben einen spätmittelalterlichen Kern, der nur überbaut wurde – wie das 1714 bis 1716 mit einem aufwendigen Vorbau versehene Bibra-Haus (Hausnummer 11). Architekt war Johann Dientzenhofer, der zuvor schon für Bauten wie Schloss Weißenstein in Pommersfelden oder Kloster Banz verantwortlich gezeichnet hatte. Besonders das Portal von Leonhard Gollwitzer mit seinen Wappen – der Biber für die Bibras und die drei Muscheln für die angeheirateten von Eyb – und den allegorischen Frauenfiguren (weibliche Tugenden) darüber kann sich in puncto barocker Pracht sehen lassen.

Rund ein Vierteljahrhundert später war es der Bamberger Johann Jakob Michael Küchel, der seine baumeisterlichen Spuren hinterließ. Dass zu viel Barock langfristig auch schaden kann, sieht man an St. Michael auf dem Nachbarhügel: Seit mehr als zehn Jahren arbeitet man an der Kirche, deren Statik nicht zuletzt durch die gewichtige Barockisierung in eine gefährliche Schieflage geraten ist. Insgesamt wird die Sanierung mit rund 50 Millionen Euro veranschlagt, Wiedereröffnung soll Anfang 2026 sein.

Adresse Karolinenstraße 11, 96049 Bamberg | ÖPNV Stadtbus 901 oder 908, Haltestelle Schranne | Tipp Das Antiquariat Lorang in der Karolinenstraße 1: ein Antiquariat in bester Bamberger Lage – am Fuß der Oberen Brücke – und doch von bibliophil labyrinthischer Tiefe.

18 Der Bierkrieg

Ein Pfennig! Wie man das Fass zum Überlaufen bringt

Die gemeine Preisabsprache geht in den meisten Fällen Hand in Hand mit ihrer fiesen Schwester: der Teuerung. Wenn die beiden auf Grundbedürfnissen rumtrampeln, ist das schon arg. Betrifft es gar ein Grundnahrungsmittel, legt sich eine Zornesfalte sogar auf die duldsame fränkische Stirn. Geht's aber ums Bier, dann hört der Spaß auf!

Am 1. Oktober 1907 beschlossen die Bamberger Brauer, den Bierpreis um einen Pfennig zu erhöhen. Ein Pfennig! Von zehn auf elf Pfennig das Seidla! Andere Quelle sprechen von einer Erhöhung von elf auf zwölf Pfennig. Es bleibt eine Ungeheuerlichkeit. Ein klarer Fall fürs Kartellamt, hätte es das damals schon gegeben. Das konnte nur Krieg bedeuten. Karl Panzer, Buchhalter einer Textilfabrik und gesegnet mit einem Ego groß wie ein Fass, formierte den Widerstand und überzeugte Georg Weierich, Wirt des gleichnamigen Gasthofs an der Schranne, und Anton Mohr, Wirt der Gaststätte Mondschein, sich mutig gegen die unverschämte Preiserhöhung zu stellen und weiterhin das Seidla für ein Zehnerla, also zehn Pfennige, auszuschenken. Karl Panzer, bald Feldmarschall genannt, hatte Volkes Stimmung mit untrüglichem Gespür wahrgenommen: Die Leute rannten dem Weierich und dem Mondschein die Bude ein. Das Elf-Pfennig-Bier stand dagegen unangerührt in den Fässern der Bamberger Brauer, die neben dem Lohnausfall auch noch eine Demütigung schlucken mussten: Das Bier, das die Bamberger nun tranken, wurde aus Forchheim herangekarrt! Eine Woche hielten die Brauer stand, dann kapitulierten sie. Der Friedensschluss erfolgte völlig unförmlich durch Senkung des Bierpreises auf anständige zehn Pfennige.

Es ist natürlich nur eine Vermutung, aber vielleicht erklärt sich der vergleichsweise moderate fränkische Bierpreis aus der kollektiven Erinnerung an den Bamberger Bierkrieg. Die Veteranen des Bierkriegs ließen sich auf einer Postkarte feiern.

Adresse Weierich: Lugbank 5, 96049 Bamberg; ehemaliges Mondschein: Untere Sandstraße 16, 96049 Bamberg | **ÖPNV** Stadtbus 910, Haltestelle Schranne bzw. Elisabethenstraße | **Tipp** Allseits beliebt sind die Hörnchen der Bäckerei Seel, Lugbank 8. Auch um die Bamberger Hörnla (das Gebäck, nicht der Erdapfel) wurde ein »Krieg« geführt. Dass die Hörnchen aus Butter zu backen sind, nicht aus Margarine, musste vor Gericht geklärt werden.

19 Das Café Sandbad

Das bestbewachte Stück Regnitzufer

Es ist durchaus möglich, einen längeren Zeitraum in der Stadt zu wohnen, ohne von der Existenz dieses Gefängnisses zu wissen. Die Justizvollzugsanstalt erstreckt sich diskret, fast schon unauffällig am Regnitzufer, in Bestlage genau gegenüber von Klein-Venedig, geradezu eine Luxusimmobilie – welcher Knast kann das schon von sich behaupten?

Verschwendung von Investorenmasse, sagen zynisch die einen, eine ruhige und angenehme Nachbarschaft ganz unzynisch die anderen, man lebt doch ganz gut mit der JVA, und das schon seit einer Ewigkeit. Im Sand ist man überwiegend zufrieden mit dem »Café Sandbad«, wie die Bamberger ihre JVA getauft haben. Doch zeitgemäß ist das Ganze natürlich schon längst nicht mehr.

Gefängnisse in historischem Gemäuer sind so selten nicht, beispielsweise im ehemaligen Kloster des nahe gelegenen Ebrach. Die Bamberger JVA aus den 1750er Jahren ist – nach dem Bayreuther Gefängnis St. Georgen von 1735 – die zweitälteste in Bayern. Zuvor befand sich hier das Elisabethenspital aus dem 14. Jahrhundert, das aber Mitte des 18. Jahrhunderts dem neuen Gefängnisbau weichen musste. Nur die fast 700 Jahre alte Kirche der heiligen Elisabeth steht noch neben dem Eingangstor der JVA.

Heute ist die mit rund 200 Insassen (viele davon in U-Haft oder mit eher kurzer Freiheitsstrafe) relativ kleine Haftanstalt schwer sanierungsbedürftig. Veraltet, zu klein und schlecht belüftet – nur einige Mängel der denkmalgeschützten Immobilie. Ein Neubau soll her, möglichst auf der grünen Wiese. Doch ein geeigneter Standort, wenn schon nicht im Stadtgebiet, dann doch wenigstens im näheren Umland, will sich so einfach nicht finden lassen, die Suche zieht sich schon seit Jahren. Und was der Freistaat Bayern, Besitzer der JVA, danach mit seiner Prachtimmobilie am Regnitzufer vorhat, ist ungewiss. Gute Chancen auf einen neuen Standort in Bestlage soll die Uni Bamberg haben.

Adresse Obere Sandstraße 38, 96049 Bamberg | ÖPNV Stadtbus 910 und 916, Haltestelle Elisabethenstraße | Tipp An der St.-Elisabeth-Kirche vor der JVA befindet sich der »Apoll« von Markus Lüpertz von 2009. Im Jahr 2022 wurde die Kirche um weitere Werke des Künstlers bereichert: Acht farbenprächtige Kirchenfenster thematisieren die Wohltaten der heiligen Elisabeth.

20 Die Dominikanerklause

Schankstätte im ehemaligen Klostergewölbe

Von den Mönchen des Mittelalters wird gemeinhin angenommen, sie hätten gern mal einen gehoben – vor allem in der Fastenzeit. Ob dieses Pauschalurteil aufrechtzuerhalten ist, sei einmal dahingestellt, vollkommen abwegig ist es aber vielleicht nicht. Im Schlenkerla kann man an einer uralten Wirkungsstätte der Bamberger Dominikanermönche selbst genüsslich ein oder mehrere Seidla heben.

Die Dominikanerklause des alten Klosters stammt aus dem Jahr 1310, und ihr altehrwürdiges gotisches Gewölbe ist ein stimmungsvoller (und stimmiger) Ort, um sich dem Bier der Brauerei Heller mit seiner wuchtigen Rauchnote anzunehmen. Erst 1926 pachtete der damalige Wirt des Schlenkerla die Klause vom Freistaat Bayern als weitere Gaststube für sein beliebtes Wirtshaus. Übrigens soll Andreas Graser, 1877 bis 1907 Braumeister der Brauerei Heller, mit seinem »schlenkernden« Gang dem uralten Wirtshaus seinen berühmten Namen beschert haben. Seine O-Beine sind im Ausleger (Wirtshausschild) des Schlenkerla in der Sandstraße zu bewundern. Dem Rauchbier-Unerfahrenen gibt man im Allgemeinen die Empfehlung, mindestens zwei, besser drei »Aecht Schlenkerla Rauchbiere« zu trinken, erst dann gewöhne man sich an die unverwechselbare Note vom Rauch des Buchenholzes, die so charakteristisch ist für das Bier. Vorsicht ist allerdings in der Bockbiersaison geboten: Der »Schlenkerla Urbock« ist zwar süffiger und weniger rauchig, doch handelt es sich um ein Starkbier mit 6,5 Prozent Alkohol (17,5 Prozent Stammwürze). Der Bockbieranstich Anfang Oktober – man findet sich traditionell im Dominikanerhof ein, um das gesellschaftliche Ereignis zu begießen – ist alljährlich der erste in der Bierstadt Bamberg.

Nach aufwendiger Restaurierung im Jahr 2011 erstrahlt die Gewölbemalerei der Dominikanerklause aus dem späten 15. Jahrhundert wieder im neuen alten Glanz. Ein guter Ort für zwei bis drei Seidla.

Adresse Brauerei Schlenkerla, Dominikanerstraße 6, 96049 Bamberg, Tel. 0951/56050, schlenkerla.de | ÖPNV Stadtbus 901 oder 908, Haltestelle Schranne und durch die Herrenstraße; oder Stadtbus 904, 906 oder 910, Haltestelle Am Kranen und über die Untere Brücke in die Dominikanerstraße | Öffnungszeiten 9.30–23.30 Uhr, warme Küche durchgehend 11–22 Uhr | Tipp Snacks für Traditionsbewusste bietet die Metzgerei Liebold mit ihren ausgezeichneten Leberkäsbrötla, Obere Sandstraße 10 (Mi–Sa 9.30–14 Uhr).

21 Die Dürer-Gedenktafel

Das Genie zu Gast im Wilden Mann

Von allen Bamberg-Promis, die mal da waren – Goethe, Hegel, Hoffmann –, aber nicht geblieben sind, wie Mundartdichter Gerhard C. Krischker in seinem »bambärch I« so wunderbar treffend feststellt, ist Albrecht Dürer vielleicht am ehesten in Vergessenheit geraten. Und auch das bärtige Denkmal, das man dem berühmtesten Maler Frankens gewidmet hat, wird leicht übersehen, da ja auch nicht auf Augenhöhe platziert, sondern ein paar Meter darüber.

Unter anderem im Juli 1520 hielt sich Dürer im Gasthaus »Zum Wilden Mann« auf, als er unterwegs auf dem Weg nach Holland einen Stopp in Bamberg einlegte. Das alte Wirtshaus aus Dürers Zeiten lag schließlich gleich oberhalb des Hafens. Heute steht es allerdings nicht mehr, 1611 bis 1616 ließen die Stadtoberen an gleicher Stelle das Hochzeitshaus (mit Trinkstube) errichten. Ein großer Saal für Fest- und Feierlichkeiten gab dem repräsentativen Gebäude seinen Namen.

Einst befand sich ebenda eine Au zwischen zwei noch längst nicht regulierten Regnitzarmen, feucht und sumpfig war die Gegend, unbewohnbar. Etwa ab dem 12. Jahrhundert wurde die Au trockengelegt. Die heutige Austraße ist ein gemütlicher kleiner Kosmos mit regem studentischen Treiben, die Straßencafés sind fast immer voll. Neben den Urgesteinen Café Müller und Hofcafé findet man ein halbes Dutzend Lokalitäten aller Art, und wer hier studiert, braucht im Prinzip nur einmal die Straße rauf- und runterzulaufen, um mit allem Lebenswichtigen versorgt zu sein: Informationen aus dem Studentenwerk, einer Brille vom Optiker an der Ecke (in dem schon Literaturnobelpreisträgerin Herta Müller Kundin war), dazu ein paar Platten, Bücher und Comics zur Zerstreuung.

Apropos Studium: Im Hochzeitshaus befindet sich heute unter anderem der Fachbereich Kunstgeschichte der Bamberger Universität. Einen passenderen Ort, um sich der großartigen Werke Albrecht Dürers anzunehmen, kann man sich kaum vorstellen.

Adresse Hochzeitshaus, Austraße 12 (zwischen Grünem Markt und dem Kranen), 96047 Bamberg | ÖPNV Stadtbus 904, 906, 910, Haltestelle Am Kranen und die Hasengasse hinauf | Tipp Der letzte erhaltene Stadtturm des mittelalterlichen Bamberg, der Burgersturm aus dem 13. Jahrhundert, gehört heute zur Universität (Fakultät Geistes- und Kulturwissenschaften), die sich in der Austraße und deren Verlängerung erstreckt. Im Turm befinden sich Verwaltung und Büros der Fakultät.

22 Der Eiskeller

Älteste Braustätte der Stadt

Es war eine Knochenarbeit. Einst, als die Winter noch kalt waren, ging es auf die zugefrorenen Teiche und Weiher oder die Regnitz, um Eis zu sägen. Mit riesigen Eiszangen wurden die großen Blöcke und Platten herausgezogen, je nach Witterung in Stroh gepackt und auf Fuhrwerken zu den Brauereien kutschiert. Um den Eiskeller zu füllen, für den langen Sommer. Einen dieser Eiskeller kann man im Brauereimuseum noch sehen.

Das Fränkische Brauereimuseum befindet sich in der ehemaligen Klosterbrauerei auf dem Michelsberg. Die Braustätte im von Kaiser Heinrich II. gegründeten Kloster gilt als älteste der Stadt. Und auch nachdem die Mönche im Zuge der Säkularisation zum Auszug bewegt wurden, wurde hier fleißig weiter gebraut. Als der Sudkessel schließlich nicht mehr angeheizt wurde, zog das Brauereimuseum ein. Hier ist ein Sammelsurium rund um das Handwerk Braukunst zusammengetragen (oder ist noch aus der ehemaligen Brauerei vorhanden) und auf fünf Ebenen ausgestellt. Von Schrotmühle und Sudanlage steigt man hinab bis in den Gärkeller (der Dank der Hanglage immer noch Tageslicht hat). Und dort befindet sich auch der Eiskeller.

Den Durchgang, der heute in den Eiskeller führt, gab es ursprünglich nicht, nur einen kleinen Abfluss. Das ablaufende Schmelzwasser war immer kalt genug, um den Keller zu kühlen. Stattdessen schmiegt sich eine Treppe an die Wand des kreisrunden Kellers. Hier hängen auch die langstieligen Gerätschaften, die man beim Eismachen benötigte: Säge und Hammer, Hacken und Haken, Eiszangen und Eisbutte. Das Eis wurde dabei gar nicht so dringend benötigt, um das Bier wohltemperiert auszuschenken, sondern um auch im Sommer untergäriges Bier brauen zu können.

Ein altes Foto neben dem Eingang zum Eiskeller belegt, dass die Knochenarbeit auch belohnt wurde: Auf dem Eis sammeln sich die Arbeiter um ein kleines Bierfass. Aufgebockt und angezapft.

Adresse Fränkisches Brauereimuseum, Michelsberg 10f, 96049 Bamberg, brauereimuseum.de | ÖPNV Stadtbus 910, Haltestelle Michelsberg | Öffnungszeiten Mi–Fr 13–17 Uhr, Sa/So 11–17 Uhr | Tipp Das Stiftsgartenbier ist ein unfiltriertes Bier, das nach einem alten Rezept der Brauerei Michaelsberg gebraut wird. Es kommt heute aus der Hellerbräu (Schlenkerla). Konrad Graser (Vater von Andreas Graser, siehe Nummer 20) nämlich war zunächst Braumeister auf dem Michelsberg, bevor er die Hellerbräu übernahm.

23 Die Erthalstatue

Der Reformfürstbischof

Adalbert Friedrich Marcus ist überaus präsent im Stadtbild Bambergs. Markusbrücke, Markusstraße, Markusplatz und Markushaus erinnern an den berühmten Arzt, den Initiator und späteren Leiter des modernsten Krankenhauses Europas. Dem Mann im Hintergrund aber, der Marcus' Karriere entscheidend förderte und das Krankenhausprojekt finanzierte, wird oft weniger Beachtung zuteil. Selbst sein Denkmal stand schon einmal prominenter.

Franz Ludwig von Erthal entstammt einer uralten fränkischen Adelsfamilie. Der 1730 geborene Freiherr wurde nach einer steilen Karriere 1779 Fürstbischof von Bamberg und Würzburg. Er verinnerlichte die Ideen der Aufklärung mit großer Ernsthaftigkeit – jedenfalls soweit seine Stellung als Kirchenmann im gehobenen Dienst es zuließ – und folgte als aufgeklärter Fürst dem Ideal seines Landesherrn, Reformkaiser Joseph II. In einer Zeit, in der – aller Aufklärung zum Trotz – der europäische Adel weiterhin mehrheitlich die Förderung sozialer Ungleichheit als Kernkompetenz betrachtete, setzte Erthal auf Volksbildung. Als in Paris die Bastille gestürmt wurde, weihte der Bamberger Fürstbischof besagtes Allgemeines Krankenhaus ein. Und mehr noch: Weil die moderne Behandlung nur für die betuchte Bürgerschaft und den Adel erschwinglich war, initiierte Erthal den Prototyp einer allgemeinen Krankenversicherung. Er selbst lebte asketisch, verstand sich als Diener des Volkes und nötigte sogar seinen Priestern ab, jedermann als Vorbild zu dienen.

Ein wuchtiges Denkmal ehrt den aufgeklärten Fürstbischof. Ursprünglich stand die überlebensgroße, von König Ludwig I. gestiftete Statue vor der Alten Hofhaltung, musste in den 1930er Jahren jedoch weichen. Wiederaufgestellt wurde sie sinnigerweise vor dem Sitz der AOK, am heutigen Synagogenplatz. Beim Umzug der Krankenkasse in die Pödeldorfer Straße folgte die Statue Franz Ludwig von Erthals nach Bamberg-Ost.

Adresse Pödeldorfer Straße 75, 96052 Bamberg | ÖPNV Stadtbus 902, Haltestelle Pödeldorfer Straße | Tipp Der Fässla-Keller in der Moosstraße 32 steht den bekannteren Kellern in der Innenstadt in nichts nach. Gute Brotzeit, super Bier, gemütlicher Garten.

24 Das E-Werk

Bildung für alle und Bambergs erste Hausbesetzung

Alte E-Werke ebenso wie stillgelegte Schlachthöfe sind in so mancher Stadt prädestiniert für die Umwidmung zum Kulturort oder zur Volkshochschule. Dass in Bamberg beide Orte aus der Hand ein und desselben Architekten (siehe Ort 42) stammen, sei an dieser Stelle nur eine Randnotiz.

Mit Beginn der 1980er Jahre sollte das alte E-Werk (auch: Eltwerk) am Kanal, da schon seit Längerem leerstehend, abgerissen und das Filetstück in zentraler Lage am Wasser mit Eigentumswohnungen bebaut werden. Doch die Stadt hatte die Rechnung ohne die Studentenschaft der 1979 gerade erst wiedereröffneten Universität gemacht – ausgerechnet die diskussionsfreudigen Geisteswissenschaftler zogen in der Innenstadt-Uni ein, und mit ihnen auch die Wohnungsnot. Am 14. Februar 1981 jedenfalls besetzten rund 40 Schüler und Studenten das E-Werk – aus Protest gegen den Abriss und mit der Absicht, darin ein freies Kulturzentrum einzurichten. Die Besetzung endete nach nur einem Tag friedlich, weder Abriss noch Kulturzentrum kamen – das E-Werk blieb leer.

Eine Volkshochschule hat Bamberg schon seit dem Herbst 1946, früher verteilt über mehrere historische Gebäude, darunter das heutige Franz-Ludwig-Gymnasium, das Englische Institut am Holzmarkt und das Clavius-Gymnasium, sogar im Alten Rathaus wurden einzelne Kunstkurse gegeben. Zu einem zentralen VHS-Gebäude im alten E-Werk konnte sich der Stadtrat schließlich im Sommer 1983 durchringen, und damit war der Abriss endgültig vom Tisch. Finanziert wurde das Projekt samt Umbau und Renovierung weitgehend durch die städtebaulichen Fördertöpfe für das Zonenrandgebiet, was bei der Entscheidung sicher nicht gestört hat. Dass man heute hier Yoga und Qigong machen, Aquarellieren oder Italienisch lernen und pro Semester noch Hunderte weitere Kurse und Veranstaltungen besuchen kann, hat die Stadt letztlich auch den Studenten von 1981 zu verdanken.

Adresse Tränkgasse 4, 96052 Bamberg | ÖPNV Stadtbus 901, 902, 907 oder 911, Haltestelle Luitpoldstraße, oder zu Fuß über die Luitpoldbrücke | Öffnungszeiten ganztägig zu den jeweiligen Kursen/Veranstaltungen (vhs-bamberg.de) | Tipp Nur wenige Schritte entfernt von der VHS befindet sich das »Deutsche Haus«, noch so ein Sanierungsfall, der über viele Jahre brachlag. Seit 2002 befindet sich in dem aufwendig sanierten historischen Gebäude in der Oberen Königstraße 4a die Stadtbücherei (stadtbuecherei-bamberg.de).

25 Die Fähre

Flussquerungen – Fährboote und ein Luftschutzsteg

Seit jeher hat es eine Fähre zwischen Mühlwörth und Oberem Leinritt gegeben. Man sparte sich den langen Weg durch das historische Mühlviertel und über den Stephansberg, um auf die andere Regnitzseite zu gelangen. Bis in die 1960er Jahre wurden Personen und Waren in schlanken Schelchen über den Fluss gestakt. Das Privileg zum mühsamen, aber einträglichen Fährbetrieb hatte die Obere Schifferzunft inne.

Lediglich in dunkleren Tagen bekamen die Fährleute Konkurrenz. Im Zweiten Weltkrieg führte an genau der Stelle, an der einst und heute die Fußgängerfähre übersetzt, ein eigentümliches Bauwerk über die Regnitz: ein Luftschutzsteg, behelfsmäßig zusammengezimmert aus Pfählen und Holzbohlen. An sich ein widersinniges Konzept: sich während eines Bombenangriffs auf eine provisorische Brückenkonstruktion über den linken Regnitzarm zu retten. Doch tatsächlich führte der Steg direkt zu einem Zugang in die Luftschutzkeller, die in den historischen Stollen des Stephansbergs angelegt worden waren. Hier produzierten auch zwei der drei als kriegswichtig klassifizierten Industriebetriebe Bambergs: Wieland und Bosch; Kachelmann war unter dem Kaulberg untergebracht. In den Bombennächten retteten sich zahlreiche Bürger über den Luftschutzsteg in die Schutzräume.

Nachdem es fast 50 Jahre keinen Fährbetrieb mehr gab – zwischenzeitlich wurden neue Fußgängerbrücken diskutiert und verworfen –, wurde die alte Tradition im Jahr 2010 vom Don-Bosco-Jugendwerk als gemeinnütziges Projekt wieder ins Leben gerufen: als Gierseilfähre. Die Aufhängung der Fähre befindet sich am linken Regnitzufer ein Stück oberhalb des Anlegers am Leinrittufer. Von dort pendelt die Fähre hinüber zum Mühlwörthsteg. Ein stimmiges Verkehrskonzept. Dank der Fähre spart man sich, wenn beispielsweise ein sonniger, im Hainbad verbrachter Tag im Spezi- oder Wilde-Rose-Keller ausklingen soll, den langen Umweg durch die Stadt.

Adresse Mühlwörth, 96047 Bamberg | **ÖPNV** Stadtbus 901 oder 908, Haltestelle Schillerplatz oder Schranne | **Öffnungszeiten** April–Okt. 10.30–20.30 Uhr, im Herbst bis Sonnenuntergang; bei schlechtem Wetter nicht | **Tipp** Neben dem Anleger Oberer Leinritt spiegelt sich unübersehbar das Internationale Künstlerhaus Villa Concordia im Wasser, ein prächtiger Barockbau aus der Zeit um 1720, in dem sich seit 1998 alljährlich Stipendiaten aus aller Welt einfinden (Veranstaltungen: villa-concordia.de).

26 Der Fass-Aufzug

Fränkische Bierkultur am Stephansberg

Bequemlichkeit und Faulheit sind ein weithin unterschätzter Antrieb für Erfindungen und Innovationen. Ein findiger Braumeister und Schankwirt vom Stephansberg soll es gewesen sein, der im 18. Jahrhundert die Institution erfand, die von den Franken geliebt wird wie keine andere: der Bierkeller.

Die Brauerei-Erzeugnisse kühlten, goren und lagerten in Kellern unter den Bamberger Hügeln – bei sommers wie winters konstanten acht Grad Celsius. Das Bier fror in den eisigen Winternächten nicht ein und konnte im Sommer derart wohltemperiert serviert werden, dass es die erwünschte Erfrischung brachte. Und hier setzte die Idee des findigen Braumeisters an: Warum an heißen Sommertagen das kühle Bier durch die halbe Stadt kutschieren und in stickige Gaststuben wuchten? Also bockte der Braumeister ein Fass am Eingang zu seinem Keller auf, zapfte an und schenkte aus. Der Bierkeller war geboren. Die Idee hatte schnell Erfolg und fand Nachahmer. 25 Bierkeller soll es allein auf dem Stephansberg gegeben haben, ein weiterer »Kellerberg« war der Jakobsberg. Da die Bamberger oft lieber auf den Keller als in die Kirche gingen, wollte der Fürstbischof die neue Sitte sogar verbieten. Aber eher friert die Hölle zu, als dass sich die Bamberger das Biertrinken verbieten lassen.

Der Name des Bierkeller-Pioniers ist längst vergessen. Doch seine Idee ist aus Franken nicht mehr wegzudenken, auch wenn längst Kühlanlagen das Bier temperieren. Auf dem Stephansberg gibt es zwar keine 25 Bierkeller mehr, dafür ausnehmend schöne. In einem davon, dem Spezial-Keller, zeigte sich ein ehemaliger Wirt ebenfalls erfindungsreich: Sein Ausschank lag und liegt bis heute in phantastischer Lage mit grandioser Aussicht über die Stadt. Um sich den mühsamen Aufstieg aus der kühlen Tiefe zu ersparen, installierte er einen Aufzug, um die Bierfässer hinaufzubefördern. Der Fass-Aufzug ist heute natürlich nicht mehr in Betrieb, kann aber während eines Kellerbesuchs besichtigt werden.

Adresse Sternwartstraße 8, 96049 Bamberg, spezialkeller.de | ÖPNV Stadtbus 901 oder 908, Haltestelle Laurenzistraße; oder Stadtbus 913, Haltestelle Oberer Stephansberg | Öffnungszeiten Spezi-Keller: Di–Fr 15–22.30 Uhr, Sa 14–23 Uhr, So 10.30–15 Uhr, dank der Gaststube ganzjährig | Tipp Neben dem Spezi-Keller schweift der Blick noch etwas weiter als über die Stadt. Die Dr.-Karl-Remeis-Sternwarte wurde 1889 gegründet und wird heute von der Universität Erlangen-Nürnberg betrieben. Führungen: foerderverein-sternwarte-bamberg.de.

27 Das Feuerwehrmuseum

Feuerlöschtechnik im Fürstbischöflichen Jagdzeughaus

Damals wie heute beträgt die Hilfsfrist, der Zeitraum zwischen Eingang des Notrufs und Eintreffen der Rettungsmannschaften, zehn Minuten. Das klingt erstaunlich, angesichts der einst üblichen dampfbetriebenen Kolbenpumpe. Die Dampfspritze aus dem Jahr 1899 sieht aus wie ein Requisit aus einem Steampunk-Fantasy-Film. Noch während die Pferde angespannt wurden, schürte man den Kessel mit Lumpen, Spänen und Öl. Bis die Pumpe zum Einsatzort gezogen war, war für den Löscheinsatz genug Druck auf dem Kessel. Besagte Dampfspritze war im Bamberger Inselgebiet bis in die Nachkriegszeit im Einsatz.

Es ist ein recht buntes Sammelsurium im ehemaligen Jagdzeughaus des Fürstbischofs (erbaut 1737/38), museumsdidaktisch wurde noch keine Hand angelegt. Vielmehr handelt es sich um eine stetig wachsende Sammlung: Was in den Freiwilligen Feuerwehren Bambergs ausrangiert wird, kommt hierher, wird beschriftet (oder auch nicht) und eingelagert. Mit Leben gefüllt wird das Feuerwehrmuseum durch einen Feuerwehrmann a. D., der die Ausstellung betreut und zu jedem Exponat Interessantes zu erzählen weiß. Es gibt viel zu sehen: Jede Menge Einsatzfahrzeuge vom Handkarren über die Pferdezugleiter bis zur seltenen Motor-Drehleiter von Magirus. Schutzanzüge und Helme, Pumpen und Feuerlöscher, Sprungtücher und Löschschläuche, Funk- und Messgeräte und natürlich die einfachsten aller Löschgerätschaften: Butten und Eimer aus Holz, Metall oder auch Stoff. Weitere Schmuckstücke der löschtechnischen Sammlung sind die beiden Buttenspritzen von circa 1740. Die Handpumpen-Spritzen, einst im Dom stationiert, sind die ältesten und vielleicht wertvollsten Exponate.

Das fürstbischöfliche Jagdzeughaus selbst hat übrigens eine wechselhafte Karriere hinter sich. Es diente (unter anderem) als Reithalle, Glasfabrik, Militärreitschule, Heumagazin, Pferdelazarett, Lagerhalle – und heute als Feuerwehrmuseum.

Adresse Siechenstraße 75, 96052 Bamberg | **ÖPNV** Stadtbus 904, 915, Haltestelle Ottokirche | **Öffnungszeiten** Mai – Okt. jeden 1. So im Monat 10 – 12 Uhr, während der (bayerischen) Sommerferien jeden So | **Tipp** Wenn Sie nach dem Weg zum Feuerwehrmuseum fragen, fragen Sie nach der »Siechenscheune«. Das ehemalige Jagdzeughaus befindet sich nämlich in der Siechenstraße, in der sich ab dem 14. Jahrhundert die Krankenhäuser, damals eher Verwahrstationen für Unheilbare als Orte der Heilung, aneinanderreihten.

28 Der fehlende Flügel

Wie man einen Fürstbischof auflaufen lässt

Das Fehlende sichtbar zu machen ist eine Architekturübung, die man eher in der postmodernen Baukunst erwartet. Den Baumeistern der Neuen Residenz ist das unfreiwillig, aber eindrucksvoll gelungen. An der Ecke der Residenz vis-à-vis der Hofhaltung ragen Steine aus der barocken Fassade. Verbindungssteine, die darauf zu warten scheinen, mit ihren Gegenstücken ineinanderzugreifen. Ein dreidimensionales Architekturpuzzle, dem ein Teil abhandengekommen ist. Auf dem Domplatz fehlt der Neuen Residenz der dritte Flügel.

Lothar Franz von Schönborn war ein Fürst seiner Zeit. Üppig an Gestalt und lustvoll in der Selbstdarstellung. Als er 1693 zum Fürstbischof gewählt worden war, verhängte das Domkapitel ein freudloses Nein über all seine ehrgeizigen Baupläne. Aber das war für Schönborn natürlich kein Leben in dem angestoßenen Gebsattelbau aus der Renaissance – gefühlt steht so ein Fürstbischof schließlich knapp unter Gott auf der Hühnerleiter des Seins. Dazwischen hockt nur noch der Papst (und vielleicht der Kaiser). Also schaltete Lothar Franz den *Pontifex maximus* ein und erwirkte von höchster Stelle die Bauerlaubnis.

Wahrscheinlich beschäftigte sich bereits des Fürstbischofs Architekt Johann Leonhard Dientzenhofer mit der Verwirklichung einer mehrflügeligen Anlage. Sicherlich tat es sein Nachfolger Balthasar Neumann, nun im Auftrag des neuen Fürstbischofs Carl von Schönborn. Den Domplatz sollte eine symmetrische Dreiflügel-Anlage fest umfassen. Ein barockes Pracht-Hufeisen, das den näher kommenden Zeitgenossen umschließen sollte, um ihn einzuschüchtern oder vor Neid erblassen zu lassen (je nach Stand). Doch nun donnerte das Domkapitel ein Veto gegen die ausladenden Pläne der baufreudigen Fürstbischöfe. Schließlich hätte für das kostspielige Unterfangen die Alte Hofhaltung weichen müssen. So blieb die Neue Residenz unvollendet, wie man an den herausragenden Steinen sehen kann.

Adresse Neue Residenz, Domplatz 8, 96049 Bamberg | ÖPNV Stadtbus 910, Haltestelle Domplatz | Tipp Das Alte Rathaus stehe im Fluss, heißt es, weil sich Domkapitel und Bürgerschaft nicht auf den rechten Standort einigen konnten, es befinde sich also auf »neutralem Boden«. Nette Geschichte, stimmt aber nicht. Eine in den Stein gemeißelte Markierung bei der Treppe am Katzenberg zeigt die Grenze zwischen Bischofsstadt und Bürgerstadt an.

29 Die Gärtnerhäuser

In der Oberen und der Unteren Gärtnerei

Bezaubernde kleine Häuschen, einstöckig und mit einer Durchfahrt versehen, oft sorgfältig renoviert und mit Blumenschmuck verziert – wer mit offenen Augen durch die Bamberger Gärtnerstadt läuft, kann noch einige der traditionellen Häuser bewundern. Den allgemeinen Raumvorstellungen des 21. Jahrhunderts genügen sie längst nicht mehr, vielmehr wirken sie wie Relikte baulicher Bescheidenheit einer uralten Zunft. Viele stammen ursprünglich aus dem 18. Jahrhundert.

Die Bamberger »Gärtnerey« selbst ist sehr viel älter. Erster namentlich bekannter Gärtner der Stadt war Fritz Pleinser im Jahr 1368. Seit jeher wird zwischen Oberer (am Lauf der Regnitz weiter oben) und Unterer Gärtnerei unterschieden. Die Obere Gärtnerei um Egelseestraße und Nürnberger Straße gehörte zu St. Gangolf, die Untere zum Bischof, also Domberg. Sie erstreckt sich nördlich und nordwestlich der Mittelstraße. Von den einst über 600 Gärtnern in Bamberg ist im »innerstädtischen Erwerbsgartenbau« immerhin noch ein knappes Dutzend übrig geblieben. Sie bestellen heute nicht mehr nur die schmalen Flächen hinter dem Haus, sondern auch große Felder am Stadtrand. Und tragen mit ihrer gelebten Tradition ganz erheblich zum Weltkulturerbe-Status Bambergs bei.

Wer sich ein Gärtnerhaus mal von innen anschauen möchte, geht am besten ins Museum in der Mittelstraße. Das Anwesen von 1767 ist ein idealtypisches Beispiel für ein Bamberger Gärtnerhaus: die tiefe Traufe straßenseits, in der Mitte die Durchfahrt, rechts und links Wohnräume, die Schwarzküche mit offenem Feuer (deren Rauch das Lager im Dachboden trocken hielt), Stall und Brunnenanteil, das Klohäusla über der Mistkuhle und eben die typischen innerstädtischen Anbauflächen – ein langer schmaler Hausgarten (siehe Ort 76). Neben der Einrichtung (um 1900) sind auch alte Gerätschaften wie der »Schdadsinärihebeä« zur Schwarzwurzelernte zu sehen.

Adresse Gärtnerhäuser in der Mittelstraße, der Egelseestraße und der Nürnberger Straße; Gärtner- und Häckermuseum: Mittelstraße 34 (an der Grenze zwischen Oberer und Unterer Gärtnerei, aber schon zu Letzterer gehörend), 96052 Bamberg | ÖPNV Museum/Mittelstraße: Stadtbus 901, 902, 907, 911, Haltestelle Luitpoldstraße; Egelseestraße/Nürnberger Straße: Stadtbus 922, Haltestelle Pfisterstraße. | Öffnungszeiten Mitte/Ende April–Anfang Nov. Di–So 11–17 Uhr | Tipp Das Kloster zum Heiligen Grab in der Heiliggrabstraße 26 ist, nachdem es mit der Säkularisation zwischenzeitlich aufgehoben wurde, seit 1926 wieder von Dominikanerinnen bewohnt. Es ist eines von drei noch aktiven Klöstern in der Stadt.

30 Die Gondelhaltestelle

Auf dem Canale vecchio bis nach Klein-Venedig

Es war eine fränkische Bierlaune, aus der heraus Jürgen »Luigi« Riegel 1994 beschloss, in Bamberg Gondoliere zu werden. Dabei ist der Gedanke doch so naheliegend: Was wäre (Klein-)Venedig ohne Gondeln? Sein Handwerk hat Luigi dann standesgemäß in der Serenissima erlernt, bei den alteingesessenen Gondolieri, die ihm auch den ein oder anderen Kniff bei dieser stilvoll gleitenden, ganz sicher aber nicht einfachen Art der Fortbewegung verraten haben. Zu dritt betreiben sie heute den »Servizio Gondola«, für den man nicht mehr extra nach Venedig fahren muss.

Stilecht hängt an der Gondelhaltestelle am Kanal im Gerberviertel die venezianische Flagge mit dem Markuslöwen in Rot und Gelb, und auch die beiden Gondeln sind Originale. Gefertigt wurden sie in der traditionsreichen Gondelwerft Squero di San Trovaso im venezianischen Sestiere Dorsoduro, sind über elf Meter lang, rund 600 Kilo schwer und haben auch einen »dolfin«, wie das schwere Gegengewicht am Bug heißt, das das Gewicht des Gondoliere hinten auf dem leicht gekrümmten, kaum erkennbar asymmetrischen Boot ausgleicht. Gerudert wird mit dem Remo (Ruder), das auf der Fórcola (Gabel) geführt wird – Letztere an sich schon ein Kunstwerk.

Eine Tour mit der Gondel führt durch den alten und längst außer Betrieb genommenen Ludwig-Donau-Main-Kanal zur ebenso historischen, wenngleich noch funktionstüchtigen Schleuse 100 (siehe Ort 73), auf der anderen Seite mündet die noch ganz neue Fischtreppe am Hollergraben – ein Stück wilder Fluss mitten in der Stadt. Das Highlight der Fahrt wartet aber am Schluss: Ist man erst mal Richtung Klein-Venedig unter der Oberen und der Unteren Brücke hindurch, kommt tatsächlich ein wenig Canal-Grande-Feeling auf. Der Kanal mündet in die Regnitz, der Wellengang wird stärker, der Geräuschpegel am Ufer und auf den Brücken lauter, vorbei ist es mit der Stille. Viele Menschen, fast wie in Venedig.

Adresse Habergasse 12/Am Kanal, 96047 Bamberg, es finden 30-, 45- und 60-minütige Fahrten statt, Buchungen unter gondel.info oder bamberg.info | **ÖPNV** Stadtbus 904, 906, 910, Haltestelle Am Kranen | **Tipp** Wirft man gegenüber der Gondelhaltestelle einen Blick auf den Balkon im ersten Stock des alten Wohnhauses, sieht man zwei Kirchenfenster im gotischen Stil. Ein reicher Gerber hat sich hier eine Privatkapelle gegönnt.

31 Der Greifenklau

Biergenuss mit Altenburgblick

Am schönsten ist es draußen. An lauen Sommerabenden kann der weite Hof schon mal bis auf das letzte Bierbankeck besetzt sein. Natürlich geht man auch im Greifenklau auf den Keller, schließlich verbergen sich darunter tiefe Stollen und Gänge zum Zwecke der fachgerechten Einlagerung des Brauguts. Am Rand des traditionsreichen Freiluftausschanks unter stattlichen Kastanien und Linden fällt eine Streuobstwiese steil ab und eröffnet einen herrlichen Blick zur Altenburg. Wenn dann schließlich ein Krug und eine zünftige Brotzeit auf dem Tisch stehen, beginnt der gemütliche Teil des Tages.

Gebraut wird im Haus, in vergleichsweise überschaubaren Mengen. Der Greifenklau braut sein Bier hauptsächlich für den Hausausschank und gehört somit zu den kleineren Brauereien in Bamberg. Ursprünglich wurde der Sudkessel bereits Anfang des 18. Jahrhunderts für den Domherrn Franz Friedrich von Greifenklau angeworfen. Heute untersteht die Brauerei längst nicht mehr dem Domkapitel, ist in gewisser Weise säkularisiert und doch ein alteingesessenes Familienunternehmen. Der Name verweist selbstredend auf den Begründer der Brautradition.

Auf der Karte der Brauereigaststätte stehen neben den üblichen Schwergerichten der fränkischen Kochkunst (Schäuferla und Sauerbraten) und saisonaler Küche (Spargel und Pilze) auch Gerichte, die heute eher stiefmütterlich serviert werden: Innereien. Das Rinderherz »sauer« steht stets auf der Karte, die gebackene Rinderleber häufig. Saure Nierchen oder Zunge finden sich vornehmlich auf der winterlichen Tageskarte. Nicht zu vergessen: die blaue Gelbwurst im Zwiebelsud, eine weitere Spezialität des Hauses.

Natürlich schließt der Greifenklau nicht seine Pforten, wenn die Witterung den Außenaufenthalt erschwert. Auch drinnen, in der urigen Gastwirtschaft, sitzt es sich überaus gemütlich bei einem Krug mit dem süffigen, selbst gebrauten Bier.

Adresse Laurenziplatz 20, 96049 Bamberg | ÖPNV Stadtbus 901, 908, 912, Haltestelle Laurenziplatz | Öffnungszeiten Di–Fr 15–22.30 Uhr, Sa 11–22.30 Uhr, warme Küche bis 20.30 Uhr, So/Mo geschlossen | Tipp Die Gegend rund um den Laurenziplatz gehört zu den ehemaligen Häckervierteln Bambergs. Hier arbeiteten die ansässigen Bauern in ihren Weinbergen und Streuobstwiesen. Die typische Architektur der niedrigen Höfe und vor allem die unbebauten Wiesen an den steilen Hängen erinnern an diese verlorene Tradition.

32 Das Hainbad

Mit Gegenstromanlage

Es gibt viele Gründe, ins Hainbad zu gehen. Zum Posen auf dem Holzsteg beispielsweise oder um sich auf ebendiesem zum Sonnenbad niederzulassen, mit der eingebauten Kopflehne, die das Lesen und vor allem Schauen so wunderbar erleichtert. Oder zur sportlichen Höchstleistung: Beim Schwimmen in umgekehrter Richtung – also vom unteren zum oberen Steg – kann man nämlich am eigenen Leib erfahren, was es wirklich bedeutet, gegen den Strom zu schwimmen. Noch dazu bei vielleicht 18 Grad Regnitztemperatur, die sich im Hochsommer gnädigerweise auch mal auf über 20 Grad erhöhen kann. Im kleinen Kiosk hinter Hecken mit dem bezeichnenden Namen »Hainer« halten es auch Nichtschwimmer und Schattenanbeter bei Kaffee, Bier und Eis bestens aus, und für Familien mit kleinen Kindern ist das Hainbad sowieso ein Paradies: eine überschaubare Liegewiese unter schattenspendenden Bäumen, ein Kinderspielplatz und das wohlig warme Planschbecken mit deutlich über 20 Grad, zur Zerstreuung außerdem die »Bücherzelle«. Und gar nicht zum Schwimmen kommt man alljährlich abends im Juli, wenn nach Einbruch der Dunkelheit das beliebte Sommerkino gegeben wird.

1935 wurde das Hainbad als »Familienbad« eröffnet, gebadet hat man in abgegrenzten Bereichen im Fluss, seinerzeit mit Bademeister. Viele Bamberger besuchen dieses nostalgische Flussbad schon seit Jahrzehnten, und entsprechend groß war der Aufschrei, als die Stadtwerke im Jahr 2009 das Baden im Fluss rigoros verbieten wollten – man fürchtete, bei etwaigen Unfällen haftbar gemacht zu werden. Rigoroser waren aber die Proteste der Bürger, die ihr geliebtes Hainbad nicht aufgeben wollten und sich letztlich durchsetzen konnten. Seitdem ist alles wieder fast beim Alten, nur der Name wurde offiziell in »Luft- und Sonnenbad Hainbadestelle« geändert, was natürlich kein Bamberger über die Lippen bringt: Das Hainbad bleibt das Hainbad.

Adresse Mühlwörth 18a, 96047 Bamberg | ÖPNV Stadtbus 909, Haltestelle Sodenstraße, dann noch circa 400 Meter zu Fuß | Öffnungszeiten etwa Mai–Sept. (je nach Wetter) 9–20 Uhr, Einlass bis 19 Uhr (in der Nebensaison etwas kürzer), Zugang über Drehkreuz | Tipp Fast nebenan befindet sich das Bootshaus mit Biergarten in wunderbarer Lage ebenfalls direkt an der Regnitz. Ab und zu zieht ein Achter des angeschlossenen Ruderclubs vorbei.

33 Das Haus der Fischerzunft

Männer, die sich ins Wasser schubsen

Es ist ein wackliges Duell: Zwei Männer, auf schmalen Nachen stehend – in diesem Regnitzabschnitt auch »Schelche« genannt –, versuchen sich gegenseitig mit langen hölzernen Stangen ins Wasser zu stoßen. Was einem der beiden Duellanten unter dem Jubel der Zuschauer auch stets gelingt – der andere geht baden. Das Fischerstechen vor der malerischen Kulisse Klein-Venedigs ist der Höhepunkt einer jeden Sandkerwa, und doch ungleich älter, denn die Ritterturnier-Persiflage der Fischerzunft amüsierte schon im Mittelalter.

Die Fischer Bambergs waren mit den Schiffern in einer Handwerkszunft organisiert. Neben dem Recht zu fischen, unter Einhaltung der Fischordnung, versteht sich, und über den Main Handel zu treiben, oblagen ihnen auch Pflichten: Unter anderem bei Bedarf den Fährbetrieb zu gewährleisten und, vielleicht am gefährlichsten, im Winter die zahlreichen Mühlen eisfrei zu halten. Das gewonnene Eis wurde an die noch zahlreicheren Brauereien verkauft. Bereits im 15. Jahrhundert erwarb die Zunft ein Anwesen auf der Flussinsel Abtswörth. Die Insel gibt es heute nicht mehr (der trockengelegte Flussarm ist heute die Austraße), das Zunfthaus – samt geselliger Trinkstube – dagegen steht noch immer: Landseits in der Kapuzinerstraße gelegen, reiht sich das Zunfthaus an der Regnitz in das postkartenidyllische Panorama Klein-Venedigs (das zweite Haus rechts vom charmant aus der Reihe tanzenden Barockhäuschen). Unter der dunklen Holzgalerie, an der Netze zum Trocknen aufgehängt wurden, führt ebenerdig ein Tor in Bootsschuppen, Arbeitsstätte und Lagerraum.

Die Untere Schiffer- und Fischerzunft gibt es übrigens noch heute, sie hegt die Traditionen und regelt die Fischereirechte (aka Angelkarten). Und zur Sandkerwa stellen sich gestandene Männer auf wacklige Schelche, um beim Fischerstechen ihren Kollegen vom Schliersee ins Wasser zu schubsen – oder selbst baden zu gehen.

Adresse Kapuzinerstraße 5, 96047 Bamberg | **ÖPNV** Stadtbus 904, 906, 910, Haltestelle Am Kranen | **Öffnungszeiten** nicht öffentlich zugänglich, nur von außen zu besichtigen | **Tipp** Die Weinwirtschaft Fischerei liegt ein paar Häuser weiter (Fischerei 15). Man genießt die günstige fränkische Küche und natürlich schoppenweise Frankenwein im freundlichen Gastraum oder im romantischen kleinen Innenhof, in dem alljährlich im Juli die Fischerei-Festspiele stattfinden.

34 Das Haus zum Einhorn

Es war Samstagmorgen, und Herr Taschenbier …

… saß im Zimmer und wartete. Worauf? Das wusste Herr Taschenbier noch nicht, aber wir wissen es längst. Schließlich war Samstag.

Feuerrote Haare, Rüsselnase, rotzfrech – und natürlich große blaue Punkte im breiten Gesicht. Kinder lieben das Sams. Wegen der Wunschpunkte und der Vorstellung unbegrenzter Möglichkeiten. Wegen der erfrischenden, gnadenlosen Ungezogenheit, die unsere kleinliche, erwachsene Borniertheit aufdeckt. Und wegen der anarchischen Wendigkeit angesichts der kleinen Wünsche eines schüchternen, einfachen Mannes. Gut, eine derartige Würdigung ist nicht gerade kindgerecht. Aber der kindlichen Begeisterung für die zügellose Leichtigkeit von Pippi Langstrumpf oder dem Pumuckl oder eben dem Sams können auch ein paar Lebensjahrzehnte nichts anhaben. Paul Maars phantastischer Kinderbuchklassiker erschien 1973: »Eine Woche voller Samstage«. Zehn weitere Samsbücher sollten folgen, zuletzt 2022: »Das Sams und die große Weihnachtssuche«, ein zwölfter Band ist angekündigt. Lesemuffel lernten das Sams kennen und lieben dank der Augsburger Puppenkiste, die die beiden ersten Bücher adaptierte. 2001 wurde »Das Sams« verfilmt, mit bemerkenswerter Besetzung: Ulrich Noethen und Christine Urspruch in den Hauptrollen, Eva Mattes als Frau Rotkohl sowie Aglaia Szyszkowitz und Armin Rohde in Nebenrollen. Als Filmkulisse diente Maars Heimat: Bamberg.

Und das Haus zum Einhorn am Ende der Judenstraße, dort wohnt Herr Taschenbier bei Frau Rotkohl zur Untermiete. Von hier aus treibt das Filmabenteuer den schüchternen, verliebten Herrn Taschenbier und das Sams durch die halbe Stadt, über den Domplatz und die Alte Brücke, zur Not auch in halsbrecherischer Autofahrt den Stephansberg hinab und im Flug um die Türme des Doms. In den folgenden Verfilmungen werden die Taschenbiers umziehen. Begonnen haben die Abenteuer vom Sams und seinem Papa aber am Ende der Judenstraße.

Adresse Judenstraße 16, 96049 Bamberg | ÖPNV Stadtbus 901, 908, 910, Haltestelle Schranne | Öffnungszeiten von außen zu besichtigen | Tipp Bamberg ist die zweite Stadt des Buchdrucks. Albrecht Pfister brachte die revolutionäre Technik aus Gutenbergs Werkstatt in Mainz mit in die fränkische Domstadt. Pfister wohnte Am Sonnenplätzchen 2, seine Druckerpressen wahrscheinlich neben dem Hochzeitshaus in der Austraße. Hier wurde das erste Buch mit Illustrationen gedruckt, der »Edelstein«.

35 Das Haus zum Goldenen Löwen

Hier sang E. T. A. Hoffmanns Lolita

Nachdem E. T. A. Hoffmann seiner Stelle als Musikdirektor am Theater verlustig gegangen war, entschloss er sich schweren Herzens, das eigene Talent von den höheren Töchtern Bambergs beleidigen zu lassen, indem er ihnen Musikunterricht erteilte. Doch unter diesen höheren Töchtern war eine, die sollte ihn viel schlimmer quälen, als es herzhaft detonierte Tonleitern vermochten.

Die verwitwete Konsulin Marc, Schwägerin des kunstsinnigen Arztes Marcus, bestellte Hoffmann, um ihren Töchtern Klavier- und Gesangsstunden zu geben. Die ältere, Juliana, genannt Julia, ist zwölf Jahre, musikalisch, anmutig, hübsch. Sie wird Hoffmanns Lieblingsschülerin, er ein ständiger Gast im Haus zum Goldenen Löwen in der Langen Straße, als geistreicher Gesprächspartner bei Soireen oder eben als Musiklehrer. Zwei Jahre später gesteht Hoffmann seinem Tagebuch, dass er sich in Julia, die er nach Kleist Käthchen nennt, verliebt hat. Schlimmer noch: dass er in verzehrender Liebe entflammt ist und bis zur Tollheit leidet. Man mag sich ausmalen, wie es um Hoffmanns der Zerrüttung zugeneigtem Naturell bestellt war: Im Musikzimmer im ersten Stock des Hauses zum Goldenen Löwen der glockenklaren Stimme zu lauschen, bis zur Entrückung verzückt und doch leidend wie ein Hund. Julia dagegen mochte sich von der Schwärmerei ihres Lehrers geschmeichelt fühlen, vielleicht tänzelte sie auch kokett entlang der Ränder seiner Verzweiflung. Doch das Mädchen aus gutem Hause war für eine lukrative Ehe vorgesehen, und es kam, wie es kommen musste.

Nach einem Eklat (siehe Ort 104) verbot die Konsulin jedweden Kontakt. Julia heiratete am 3. Dezember 1812. Ihren Musiklehrer sollte sie nicht wiedersehen. Ihre Ehe war schrecklich unglücklich, aber glücklich kurz. Sie wurde geschieden, heiratete erneut. Julia Marc, unsterblich in E. T. A. Hoffmanns Erzählungen, starb 1865 in München.

Adresse Lange Straße 13, 96047 Bamberg | ÖPNV zu Fuß fünf Minuten vom ZOB | Tipp Fast nebenan befinden sich gleich zwei Urgesteine der Bamberger Kaffeehauskultur: das alteingesessene Kaffeehaus Beckstein, Lange Straße 9, und zwei Häuser weiter das Café Graupner, Lange Straße 5.

36 Der heilige Sebastian

Schutzpatron der Gärtner

Im Wappen der Stadt Bamberg wacht in silberner Rüstung der heilige Georg. Natürlich steht der heiliggesprochene Kaiser Heinrich II. in der Riege der städtischen Schutzpatrone, daneben seine Gemahlin, die heilige Kunigunde, und der heilige Otto, umtriebiger und bis heute verehrter Bischof von Bamberg und Pommernapostel. Die Bamberger Gärtner sind darüber hinaus in besonderer Weise dem heiligen Sebastian verbunden.

Diese Zuwendung für den von Pfeilen durchbohrten Märtyrer resultiert kurioserweise aus dem Ausbleiben der Pest. In der Siechenstraße, wo einst die Hospize, Spitäler und Quarantänestationen lagen, steht nämlich die Sebastiani-Kapelle. Und genau da gehört sie auch hin, schließlich fand sich im himmlischen Aufgabenbereich des Heiligen, vor allem gegen Pest und Seuchen zu schützen und Schutzpatron der Sterbenden zu sein. Doch die schweren Epidemien wurden seltener und die Gärtner nahmen sich des Kirchleins an – und des beschäftigungslosen heiligen Sebastian gleich mit. Über die Jahrhunderte ist daraus eine innige Verbundenheit geworden. Die Sebastiani-Kapelle steht noch immer, eine eindrucksvolle Statue von 1780 mit vergoldeten Pfeilen und Heiligenschein erhebt sich in der Theuerstadt.

Zu Fronleichnam wird die Verbundenheit besonders lebendig. Dann nämlich werden blumengeschmückte Heiligenfiguren, allen voran der »Basdel«, der sonst im Gärtner- und Häckermuseum zu sehen ist, begleitet von kunstvollen Prozessionsstäben, Fahnen und Musik in einer feierlichen Prozession durch die Stadt getragen. Die »Große Fronleichnamsprozession« findet am Feiertag selbst statt und beginnt am Dom, die »Kleine Fronleichnamsprozession« am Sonntag darauf, volkstümlich auch »Bratwurst-Prozession« genannt, zieht durch die Gärtnerstadt, von St. Gangolf zu St. Otto. Erste Station nach dem Auszug ist die zu einem prächtigen Altar geschmückte Sandsteinskulptur des heiligen Sebastian.

Adresse Theuerstadt, 96050 Bamberg | ÖPNV Bahnhofsnähe | Öffnungszeiten jederzeit zugänglich | Tipp Die Metzgerei Kalb in der Theuerstadt 5 ist bekannt für ihre herausragend guten und preisgekrönten Kümmelbratwürste. Seit neuesten kommt auch Süßholz zur Anwendung, zum Beispiel bei der Süßholzwurzen.

37 Die Hochwassermarken

Land unter, öfter

Die recht blassen Hochwassermarken am Kranen sind leicht zu übersehen, vor allem wenn während des Semesters die studentischen Fahrräder davor geparkt sind. Doch bei genauem Hinsehen erkennt man sie – unter der alten Laterne links vom Haupteingang des Hochzeitshauses: 1909 noch scheinbar harmlos in Knöchelhöhe, 1862 und 1845 dann schon etwas bedrohlicher und schließlich verheerend in jeder Form mit der Markierung von 1784: Mit mehreren Metern über dem normalen Flusspegel kann man sich das Ausmaß der damaligen Zerstörungen gut vorstellen.

Hochwasser waren in Bamberg im Lauf der Jahrhunderte keine Seltenheit. Dokumentiert wurden sie erstmals mit dem besonders zerstörerischen Magdalenenhochwasser vom Juli 1342, das in ganz Deutschland wütete und in Bamberg eine Brücke über die Regnitz zerstörte. Das Hochwasser vom Februar 1784 traf die Stadt noch schlimmer: Am Ufer gelagerte Baumstämme wurden mitgerissen und entwickelten gemeinsam mit den Eisschollen der plötzlich einsetzenden Schneeschmelze eine enorme Wucht, die diesmal sogar eine steinerne Brücke – die neue Seesbrücke, den barocken Stolz der Stadt – und die auf ihr befindlichen Menschen mit sich riss. Auch die meisten anderen Brücken der Stadt wurden zerstört. Beim Hochwasser vom Februar 1909, das in der Nürnberger Altstadt enorme Schäden verursachte, kam Bamberg noch einigermaßen glimpflich davon, unter anderem auch durch die neuen Dämme am rechten Regnitzarm, in den ein großer Teil der Wassermassen floss.

Anfang der 1960er Jahre wurde mit dem Bau des Sperrtors an der Buger Spitze und des Jahnwehrs die Gefahr weitgehend eingedämmt. Und natürlich verfügt die digitale Welt über völlig andere Frühwarnsysteme als die Menschen der vorherigen Jahrhunderte. Doch die Macht des Wassers ist noch immer zu spüren, wenn die Regnitz Hochwasser führt und nur die Schleusen die Stadt vor der Flut bewahren.

Adresse Am Kranen 12, 96047 Bamberg | ÖPNV Stadtbus 904, 906 oder 910, Haltestelle Am Kranen, oder zu Fuß (mitten in der Altstadt) | Tipp Das hausgemachte Eis vom Café Riffelmacher an der Oberen Brücke 12 ist wahrscheinlich das beste der Stadt, unter den Kreationen befinden sich auch Mohn, Lavendel und Orange-Basilikum.

38 Die Hölle

Unsere Liebe Frau – auf Abwegen

Die Hölle ist ein durchaus erfreulicher Ort. In Bamberg jedenfalls. Ruhig und mit tollem Blick durch die Häuserschlucht auf den Turm von St. Stephan, im Prinzip autofrei, da Sackgasse, mehr Platz denn Straße, mit hübschen Barockhäuschen samt Blumenschmuck und – für eine Hölle eher unüblich – kaum bewohnt. Ein einladendes Bänkchen im Schatten vollendet die Idylle. Oberhalb wacht die mächtige gotische Kirche »Unsere Liebe Frau« (aka Obere Pfarre) schützend über die wenigen Höllenbewohner, aber genau hier versteckt sich das Problem mit der Bamberger Hölle: Auch das katholische Pfarramt befindet sich an diesem malerisch unseligen Ort, am Eingang zum Platz. »Hölle 1« oder »Hölle 8« müsste man adressieren, also: Unsere Liebe Frau, Hölle 8.

Doch das kann und darf nicht sein, hier am Kaulberg, in Wurfweite zum Dom der heiligen Stadt auf sieben Hügeln. »Eisgrube 4« lautet also die korrekte Anschrift für Korrespondenzen mit dem Gotteshaus. Denn, so heißt es, ursprünglich befand sich der Eingang zum Pfarramt dereinst in ebenjener Eisgrube. Sie liegt ums Eck der Hölle, heute zum Pfarrgarten hin auf der Rückseite des Hauses. Eisgrube heißt die Gasse, da an dieser Stelle einst das aus der Regnitz gesägte Eis gesammelt wurde, um es zum Kühlen der Lebensmittel in die Keller zu bringen. Lieber also in der Eisgrube frieren als in der Hölle schmoren?

Der Name dieser Hölle lässt sich vermutlich recht profan aus dem Mittelalter herleiten: »Hülle« oder »Hüle« bezeichnete im Fränkischen einen kleinen, oft künstlich angelegten Teich, wie er sich hier, in der Senke zwischen den Hügeln, wohl zur Trinkwasserversorgung oder als Viehtränke inmitten der mittelalterlichen Besiedlung befunden hat.

Die Hölle kann eben doch ein erfreulicher Ort sein, zumindest in Bamberg. Dass aber ausgerechnet die Untere Seelgasse in die Hölle mündet, macht dann doch etwas nachdenklich …

Adresse Hölle (oder auch Eisgrube), 96049 Bamberg | ÖPNV Stadtbus 901, 908, 912, Haltestelle Schulplatz, dann in die Untere Seelgasse und links in die Hölle | Tipp Wer mal in der Hölle wohnen möchte, kann das in Hölle 12 oder Hölle 13 (!) tun: Hier werden fein sanierte Gästehäuser in historischem Gemäuer vermietet (traumstadt-bamberg.de).

39 Der Joseph-Keilberth-Saal

Klangwunder an der Regnitz

Haydns 45. Symphonie, auch Abschiedssymphonie genannt, beendete im Sommer 1993 das Kapitel »Dominikanerbau« (siehe Ort 11). So schön es war, einen Konzertsaal mitten in der Altstadt zu haben, für ein Orchester mit dem Renommee, wie es die Bamberger Symphoniker genießen, war der Standort nicht mehr tragbar. Publikumswirksam reiste ein Teil des Orchesters auf einem Floß den knappen Flusskilometer abwärts zur neuen Heimat der Bamberger Symphoniker: die Konzert- und Kongresshalle.

Die Konzerthalle besticht durch ihre wunderbare Lage, idyllisch am grünen Regnitzufer gelegen, mit Blick auf Michelsberg und Domberg und dennoch zentral. Der große Saal, das Herz einer jeden Konzerthalle, bietet Platz für 1440 Besucher. Benannt wurde er nach dem viel zu früh verstorbenen Dirigenten der Symphoniker, Joseph Keilberth, der sich in besonderer Weise um das Orchester verdient gemacht hat. Im Bemühen, den Klang des Saals zu verbessern, konnte 2008 der renommierte Akustiker Yasuhisa Toyota gewonnen werden. Er ist unter anderem bekannt für seine Arbeit an der Walt Disney Concert Hall in Los Angeles und war später verantwortlich für die Akustik der Elbphilharmonie in Hamburg. Dass Toyota, der sich weitgehend mit Neubauten beschäftigt, zur »akustischen Renovierung« nach Bamberg kam, führte er übrigens darauf zurück, dass er als junger Mann von einem Konzert des Orchesters in Japan beeindruckt war. Das Ergebnis seiner Arbeit beeindruckt bis heute: Dank der grandiosen Akustik gilt der Joseph-Keilberth-Saal als einer der besten Konzertsäle des Landes. Eine würdige Spielstätte für die weltberühmten Bamberger Symphoniker.

Aber auch optisch hat die Halle im Zuge der Renovierung immens gewonnen, das Foyer wurde um den gläsernen Vorbau erweitert, der sich im eleganten Schwung zu Regnitz und Stadt hin öffnet. Zur Wiedereröffnung 2009 erklang Gustav Mahlers 3. Symphonie.

Adresse Konzerthalle Bamberg, Mußstraße 1, 96047 Bamberg, bamberger-symphoniker.de | ÖPNV Stadtbus 906, 910, 916, Haltestelle Konzerthalle | Öffnungszeiten Karten gibt es im Shop der Bamberger Symphoniker, Lange Straße 30, Mo–Sa 10–15 Uhr | Tipp Ein Konzert der Bamberger Symphoniker ist immer ein Ereignis, ein ganz besonderes ist »The Mahler Competition«. Der Wettbewerb gibt jungen Dirigenten die Möglichkeit, sich zu beweisen und mit einem Orchester von Weltrang zu musizieren. Talente sprangen hier schon als kommende Stars vom Dirigentenpult, man denke nur an Gustavo Dudamel. Der Wettbewerb findet alle drei Jahre statt und ist durchgehend öffentlich.

40_Das Kesselhaus

Bambergs neuer Kunstraum

Zeitgenössische Kunst hat ja oft gleich mehrere Probleme: Jeder findet sie zwar irgendwie gut, aber wenn es an die Finanzierung geht, wird es schwierig. Und schwierig gestaltet sich auch die Suche nach ausstellungstauglichen Räumlichkeiten, die in aller Regel etwas größer sein dürfen und vielleicht auch nicht ganz so empfindlich sein sollten – zum Beispiel ein altes Industriegebäude.

Mit dem Kesselhaus in der Unteren Sandstraße ist zumindest mittelfristig ein solcher Ausstellungsraum gewonnen worden. Der Bamberger Kunstverein, der Architekturtreff Bamberg und der Berufsverband Bildender Künstler Oberfranken (BBK) haben sich 2013 zum Förderverein Kunstraum JETZT! e. V. zusammengeschlossen und bespielen seit 2015 das Kesselhaus, in dem Themenausstellungen ebenso stattfinden wie Konzerte und Lesungen, in dem Absolventen der Kunstakademien oder Stipendiaten des Künstlerhauses Concordia ebenso gezeigt werden wie internationale Künstler.

Der Mangel an Ausstellungsfläche zieht sich wie ein roter Faden durch die Geschichte des Bamberger Kunstvereins. 1823 wurde er offiziell gegründet, wahrscheinlich aber schon früher, als sich E. T. A. Hoffmann, Carl Friedrich Kunz und andere zu einem kunstsinnigen Kreis zusammenfanden. Damit zählt der Kunstverein zu den ältesten seiner Art in Deutschland. Ein eigenes Gebäude hatte man nie, die Villa Dessauer stellte immer wieder Ausstellungsräume bereit, lange Zeit auch das Foyer des Theaters.

Schön ist das Kesselhaus nicht, das alte Energieerzeugungsgebäude des ehemaligen Krankenhauses, 1961 erbaut, mit Wäscherei nebenan und Pathologie im Keller (heute Atelier). Mit Schließung des alten Krankenhauses 1984 war es auch mit dem Kesselhaus vorbei, ewig stand das Gebäude mit seinem herben industriellen Charme leer. Heute befindet sich hier am Fluss Bambergs neuer Kunstraum für Zeitgenössisches, kontrastreich in Szene gesetzt.

Adresse Untere Sandstraße 42, 96049 Bamberg, kunstraum-jetzt.de | **ÖPNV** Stadtbus 916, Haltestelle Sandstraße, der 1960er-Jahre-Bau am Eck zwischen Straße und Parkplatz ist nicht zu übersehen | **Öffnungszeiten** Fr 15–18 Uhr, Sa und So 11–18 Uhr | **Tipp** Neben der Konzerthalle am anderen Regnitzufer (Fußgängerbrücke) befindet sich der Skulpturenpark mit großformatigen Plastiken des Bildhauers Bernd Wagenhäuser.

41 Die Kettenbrücke

Vorbild für die Brooklyn Bridge

Wer sich als Brücke in Bamberg niederlassen will, muss schon was zu bieten haben. Mindestens irgendeinen Superlativ. Zum Beispiel das erste Flussüberquerungsbauwerk sein, aus dem Jahr 1309 und somit wahrscheinlich die älteste Brücke über den rechten Regnitzarm. Urkunden berichten von einem zerstörerischen Hochwasser im Jahr 1451, nach dem die hölzerne Brücke wieder aufgebaut wurde und fast genau 300 Jahre lang die Verbindung zwischen der heutigen Gärtnerstadt und der Inselstadt bildete und somit vielleicht, wer weiß das schon, die langlebigste ihrer Art war.

Doch dann musste sie dem nächsten Superlativ weichen: der schönsten Brücke über den Fluss. Daran zweifelt niemand, der die alten Ansichten der Seesbrücke (erbaut 1752 bis 1757) sieht, eine elegante Bogenbrücke aus Stein im herrlichsten Barock, geschaffen vom Bamberger Baumeister Michael Küchel – ein Wahrzeichen! Doch statt drei Jahrhunderten waren es gerade mal drei Jahrzehnte, bis ein nie da gewesenes Hochwasser die Seesbrücke 1784 zum Einsturz brachte. Mit ihr versank auch die berühmte St.-Georgs-Statue von Ferdinand Tietz in den Fluten. Sie wurde 180 Jahre später bei Aushubarbeiten zufällig entdeckt und in weiten Teilen geborgen (leider aber ohne Kopf).

Die erste Kettenbrücke Bayerns, die Ludwigsbrücke von 1828/29 mit ihren vier steinernen Türmen, brachte es als Vorbild für die New Yorker Brooklyn Bridge zu allergrößtem Ruhm, musste aber schon 1891 wieder abgerissen werden. Ein Modell davon befindet sich im Historischen Museum. Die stählerne Nachfolgebrücke wurde am 11. April 1945 von der Wehrmacht gesprengt. Am 30. Oktober 1953 hat man dann die sicherlich langweiligste aller Kettenbrücken eingeweiht: einen nüchternen Spannbetonbau, schmucklos und praktisch, aber mit zunehmenden baulichen Mängeln behaftet. Bleibt die letzte, die aktuelle Kettenbrücke von 2010. Sie ist, man ahnt es schon: die teuerste.

Adresse zwischen Hauptwachstraße und Königstraße, 96047 beziehungsweise 96052 Bamberg | **ÖPNV** alle Stadtbusse Richtung Bahnhof, Haltestelle Luitpoldstraße, dann in die Königstraße und links ab; zu Fuß wenige Minuten von der Fußgängerzone | **Tipp** Als die Obere Königstraße noch eine bedeutende Handelsstraße war, reihte sich eine Brauerei samt Gaststätte an die andere, Anfang des 19. Jahrhunderts sollen es knapp zwei Dutzend gewesen sein. Zwei haben überdauert, die Brauerei Spezial und gegenüber die Brauerei Fässla. Letztere gibt es seit 1649, ihr Name verweist auf eine alte Tradition: Einstmals waren viele Braumeister im Hauptberuf Büttner.

42 Das Klo am ZOB

Von Pissorten und Aborten

Es gibt ja nicht viel, das wirklich nicht schön ist in Bamberg. Aber das Klohäuschen am ZOB gehört für viele dazu. Es ist nicht nur optisch eine Zumutung, es riecht auch nicht gut, dazu die lieblos hingeschmierten Graffiti. Grund genug, einen weiten Bogen drum herum zu machen. Doch man muss ja nicht unbedingt hinein, ein Blick von außen genügt. Denn das Klo ist architektonisch ungewöhnlich, eine Spielart des Jugendstils, errichtet nach Plänen des Bamberger Stadtbaumeisters Hans Jakob Erlwein (1872–1914), in einer Zeit, als die öffentliche Bedürfnisanstalt noch etwas hermachte und nicht Dixi-Klo hieß.

Wer die anderen Erlwein-Bauten in Bamberg gesehen hat, wird bei diesem sogleich die Handschrift des leitenden Stadtbaubeamten der Jahrhundertwende wiedererkennen. Weiß und Gelb sowie die schnörkelige Schrift sind typisch für die städtischen Gebäude Bambergs in seiner Zeit, zu denen das heutige Stadtarchiv (1899–1901 für die Chirurgie des Allgemeinen Krankenhauses neu gebaut), die Luitpold-Schule (1901), das Elektrizitätswerk (heute Volkshochschule, 1901/02) und der jüngst stillgelegte Schlachthof (1903) am Stadtrand gehören. Einer der letzten Entwürfe Erlweins für Bamberg war der Wilhelmsplatz mit dem detailreichen Gebäude der Hauptpost. Die fast hexenhäuschenartige Bedürfnisanstalt soll indes einer seiner ersten Entwürfe gewesen sein, wenngleich erst 1904 ausgeführt.

Ende 1904 verließ der gebürtige Oberbayer Erlwein die Stadt nach sechs Jahren Dienst in Richtung Dresden, wo er eine neue Stellung als Stadtbaurat antrat. Nicht wenige sollen aufgeatmet haben, als der alles kontrollierende, dominante Stadtbaumeister weg war. Mehr als einmal soll Erlwein seine ohnehin weit reichenden Kompetenzen überschritten haben, zudem waren die Jahre unter seiner Herrschaft für die Stadt irgendwann auch einfach zu teuer. Doch was er hinterlassen hat, prägt Bamberg bis heute.

Adresse Promenadenstraße, 96047 Bamberg | ÖPNV direkt beim ZOB, dem Zentralen Omnibusbahnhof im Zentrum, in dem quasi jeder Stadtbus endet beziehungsweise abfährt | Tipp Hinter dem Klohäuschen Richtung Fußgängerzone liegt die Hauptwache (heute Bäckerei / Café): In dem Barockhaus aus dem 18. Jahrhundert befand sich einst die Stadtwache an einem der Stadttore.

43 Der Königlich Bayerische Eisenbahnbrunnen

Weiches Wasser für die Dampfmaschine

Dass Bambergs Wasser ziemlich kalkig ist, hat wohl jeder Kaffeemaschinen- und/oder jede Wasserkocherbesitzerin in der Stadt schon leidvoll erleben müssen. Die ständige Putzerei oder, schlimmer noch, chemische Reinigung der Geräte: keine Freude. Dabei ist kalkhaltiges Wasser keineswegs ungesund, wie sogar von höchster Stelle des Bamberger Klinikums zu erfahren war, sondern im Gegenteil. Allein die hässlichen Spuren auf der Küchengerätschaft und deren Verstopfung gilt es hinzunehmen.

Gar kein kalkhaltiges Wasser vertragen konnten allerdings die Dampfloks der Königlich Bayerischen Eisenbahn, die seit 1854 auf der Strecke Bamberg–Aschaffenburg, der sogenannten Ludwigs-West-Bahn, fuhren und deren empfindliche Kessel mit Wasser versorgt werden mussten. 1856 nahm man den Brunnen im Hauptsmoorwald in Betrieb und baute dem kostbaren, kalkarmen Sickerwasser, das hier entsprang, eine über vier Kilometer lange Rohrleitung zum Bamberger Bahnhof, von der allerdings nichts mehr zu sehen ist. Eine tieferliegende Tonschicht verhindert, dass das Regenwasser versickert und lässt es durch den darüberliegenden Dünensand im wahrsten Wortsinn weichgespült wieder zutage treten.

Wer sich auf den Weg macht zum Königlich Bayerischen Eisenbahnbrunnen, muss sich eventuell auf nasse Füße gefasst machen. Denn der längst stillgelegte Brunnen liegt mitten im Moor, wenngleich nur wenige Meter vom Forstweg entfernt. Auf dem Weg kommt man am Hubertusbrunnen vorbei, einer noch heute sprudelnden Quelle mit Picknickplatz, an der sich so manche Bamberger Wasser abfüllen: für den Kaffee oder Tee, das heimische Aquarium oder sogar zum Schnapsbrennen. Dass es sich bei dem Quellwasser um »Kein Trinkwasser« handle, wie ein Schild behauptet, liegt daran, dass der Brunnen nicht behördlich kontrolliert wird.

Adresse im Hauptsmoorwald zwischen Bamberg und Geisfeld | Anfahrt kein ÖPNV, Bamberg auf der Geisfelder Straße (auch Fahrradweg) Richtung Geisfeld verlassen, nach Überquerung der Autobahn der erste Parkplatz rechte Seite, dem Forstweg folgen (führt nach links) zum nicht zu übersehenden Hubertusbrunnen und circa 600 Meter weiter zum Eisenbahnbrunnen gleich nach einer Rechtskurve | Öffnungszeiten jederzeit frei zugänglich | Tipp Apropos Bahn: Von 1897 bis 1922 hatte Bamberg eine Straßenbahn, die sogar durch das Alte Rathaus ratterte. Verkehrsknotenpunkt der drei Linien mit über zehn Kilometern Strecke war der Schönleinsplatz.

44 Die Kräutergärtnerei Mussärol

Süßholz und Majoran

Zu Kränzen geflochten war die Süßholzwurzel einst ein Bamberger Exportschlager. Von den sandigen Böden wurde die süße Wurzel der Heilpflanze *Glycyrrhiza glabra* in alle Ecken Nordeuropas geliefert. Beliebt waren die Wurzeln vor allem aber auch als Süßigkeit. Der begehrte Teil der Pflanze ist recht umtriebig. Meterlang können die Wurzeln werden und kümmern sich in ihrem Wachstumseifer nicht um Nachbars Garten. Doch der Vormarsch anderer Süßstoffe, brachte den Süßholzanbau, seit dem Mittelalter ein wichtiger Wirtschaftsfaktor der hiesigen Gärtnereien, zum Erliegen.

Doch die hiesige Süßholztradition überlebte, anfangs im Gärtner- und Häckermuseum gehegt, dann dank der Bamberger Süßholzgesellschaft. Heute wird wieder Süßholz in Bamberg angebaut. Das erste Feld wurde 2010 in der Kräutergärtnerei Mussärol, heute auch Sitz der Bamberger Süßholzgesellschaft, angelegt, weitere folgten. Geerntet wird alle vier Jahre. Die Wurzeln werden zu Tee oder Süßholzpulver verarbeitet, geraspelt angeboten oder ganz traditionell zum Draufherumkauen in kleinen Wurzelstücken.

Sollte das Feld abgeerntet sein, kann man einen Eindruck von der Süßholzpflanze im Schaukräutergarten erhalten, hier stehen die Mutterpflanzen. Während diese aber eher unspektakulär in die Höhe schießen, grünt und blüht es umso herrlicher im Schaukräutergarten. Vor allem im Frühsommer ein zauberhafter Ort! In langen Beeten inmitten der historischen Oberen Gärtnerei wachsen über 200 verschiedene Kräuterarten – gängige, allzu oft vernachlässigte oder fast vergessene Heil-, Duft- oder Gewürzkräuter. Ein blühendes, duftendes Archiv der Kräuterkunde. Im kleinen Tontopf kann man die Küchenkräuter – darunter natürlich auch Mussärol, die alte Bamberger Bezeichnung für Majoran – wie die Süßholzprodukte vorne im Hofladen kaufen, in Bio-Qualität, versteht sich.

Adresse Bamberger Kräutergärtnerei Mussärol, Nürnberger Straße 86, 96050 Bamberg, biokraeuter.info | ÖPNV Stadtbus 922, Haltestelle Plattengasse | Öffnungszeiten April–Sept. Fr 10–18 Uhr, Sa 9–14 Uhr, April–Juni auch Mi 14–18 Uhr, zur Saison werden auch Kräuterführungen angeboten. | Tipp Zu Süßholz und Würzpflanzen gesellt sich in der Kräutergärtnerei ein üppig blühendes Lavendelfeld, anschließend an das Süßholzfeld. Zwölf verschiedene Lavendelsorten werden unter anderem zu Lavendelöl und Blütenwasser verarbeitet oder als duftende Bündel angeboten.

45 Das Krippenmuseum

Die nächste Weihnacht kommt bestimmt

Alle Jahre wieder, wenn im konsumkirren Kesseltreiben rund um die Nacht, die eigentlich still und heilig sein sollte, groß angelegte familiäre Stresstests in allen Haushalten auf Hochtouren laufen, gibt es kurze, kostbare Momente des Innehaltens. Das Aufstellen der Weihnachtskrippe ist meist solch ein Moment. Bei all der vorweihnachtlichen Hektik bringt man es dann doch nicht fertig, das kleine Christuskind schlampig in die Krippe zu bugsieren.

Gemeinsam ist allen Weihnachtskrippen natürlich das Thema, nachzulesen im Lukasevangelium: Die Heilige Familie, vorübergehend wohnhaft in einem Stall, bekommt Besuch von ansässigen Hirten und/oder weit gereisten Königen. Für alle Krippen – schnöde Advents-Bausätze mal außer Acht gelassen – gilt aber auch, dass keine der anderen gleicht. Im Bamberger Krippenmuseum wird die faszinierende Vielgestaltigkeit der Weihnachtskrippen eindrucksvoll vor Augen geführt.

Gewaltige Krippen-Panoramen mit Heerscharen (und Herden) von Komparsen rund um das Heilszentrum, quasi weihnachtliche Wimmelbilder in 3-D, stehen wohnzimmertauglichen Ensembles oder winzigen Krippenkästlein gegenüber, historische Szenerien aus Spätbarock oder Rokoko zeitgenössischer Handwerkskunst. Gewaltig ist auch die Materialfülle: ob aus Buchsbaum oder Bernstein, Perlmutt oder Elfenbein geschnitzt, in Wachs gegossen oder als papierner Scherenschnitt, aus Ahorn oder Lindenholz gefräst, aus Bambusblättern gefaltet oder als Porzellan gebrannt, in Textil gekleidet oder bunt bemalt.

Dabei wird deutlich, dass jeder Kulturkreis die besinnliche Bethlehem-Szenerie seinem eigenen Horizont anpasst: Die neapolitanische Krippe verbreitete süditalienisches Flair, süddeutsche Krippenbauer transferieren das weihnachtliche Geschehen in eine alpine Landschaft, und in einer afrikanischen Krippe gruppiert sich die Heilige Familie um einen Lebensbaum.

Adresse Obere Sandstraße 23, 96049 Bamberg | **ÖPNV** Stadtbus 910, Haltestelle Elisabethenstraße | **Öffnungszeiten** 2.–23. Dez. Do–So 10–16 Uhr, 25. Dez.–7. Jan. tägl. 10–16 Uhr | **Tipp** Bamberg ist eine traditionsreiche Krippenstadt. Zur Weihnachtszeit werden überall in der Stadt Krippen aufgestellt, in den Kirchen, zum Beispiel in der Maternkapelle, in den Museen, zum Beispiel im Historischen Museum, oder auf den Plätzen, zum Beispiel großformatig auf dem Schönleinsplatz.

46__Die Kulisse

Sommertheater und großes Kino in der Alten Hofhaltung

Ein Bühnenbild, das immer passt – ein Traum für jedes Theater. Das einmalige Ensemble der Alten Hofhaltung passt jedenfalls zu Shakespeares Komödien genauso wie zu seinen Tragödien, zu eher Unbekanntem von Karl May wie auch zu Bertolt Brecht. Und wenn dann beim Einzug von Mutter Courage im Planwagen auch noch unheilvoll die Gewitterwolken über Publikum und Bühne grollen – mehr Kulisse geht eigentlich nicht. Das einmalige Szenario ist natürlich nur selten dem passenden Wetter, sondern vielmehr dem einzigartigen Ambiente der spätgotischen Fachwerkbauten mit den steilen Dächern und den hölzernen Laubengängen, dem uralten Kopfsteinpflaster und den Bäumen in der Alten Hofhaltung geschuldet.

Zu ihrem wirklich groß gefeierten 1000-jährigen Geburtstag im Jahr 1973 hat sich die Stadt neben diversen Festakten und einem gigantischen Festumzug auch eine Theateraufführung in der Alten Hofhaltung geschenkt. Gegeben wurde »Das Leben ist ein Traum« des spanischen Barockautors Pedro Calderón de la Barca (1600–1681). Geblieben ist der Name des hierzulande wenig bekannten Dramatikers für die neu ins Leben gerufenen Calderón-Festspiele, und inszeniert wird seither alljährlich im Sommer mit dem Ensemble des E.T.A.-Hoffmann-Theaters. Dessen Namensgeber wiederum war an der Bühne am Schillerplatz kurzzeitig und erfolglos Kapellmeister.

Bambergs Alte Hofhaltung ist aber nicht nur Theater-, sondern auch perfekte Filmkulisse, aufsehenerregend im Jahr 2011, als D'Artagnan und die drei Musketiere sich in Mantel und Degen vor altfränkischem Gemäuer mit der Garde des Kardinals duellierten – mit Star-Besetzung und in 3-D. Bamberg spielt darin Paris, ein gutes Jahrzehnt später bei der Serie »Die Kaiserin« (gemeint ist Sisi) ist es dann Wien, aber wer will denn so kleinlich sein. Hollywood war in der Domstadt, wenn auch nur kurz. Die grandiose Kulisse bleibt für immer.

Adresse Alte Hofhaltung, Domplatz 7, 96049 Bamberg | **ÖPNV** Stadtbus 910, Haltestelle Domplatz | **Tipp** Das E.T.A.-Hoffmann-Theater am Schillerplatz stammt aus dem Jahr 1808, war damals zwar noch nicht nach ihm benannt, wurde aber mit einem seiner Stücke eröffnet (»Das Gelübde«).

47 Die Kunni-Hall

Alles – außer gefällig

Dass Bamberg nur Mittelalter kann und Barock, ist eine bösartige Unterstellung, längst widerlegt dank zahlreicher zeitgenössischer Kunstwerke im öffentlichen Raum. Eine Kunstform aber zeigt sich bislang im Stadtbild ziemlich unterrepräsentiert: Street und Mural Art. Dieses Vakuum will die Street-Art-Gallery »Kunni-Hall« mit Kunst füllen. Initiator des ambitionierten Projekts »Vacuum Urban Artforms« ist Mathes Krivy, der mit Cane, Norman Pfitzner und Bastian Heindrichs das Künstler-Kollektiv »Vacuum« bildet.

Gesucht wurde eine Leinwand. Gefunden hat Krivy die Rückwand einer Garagenzeile. Sie steht prominent über dem Luitpoldhain (aka Kunigundendamm) auf Höhe des Y-Hauses und war in einem grausigen Zustand. Grau, verwaschen, beschmiert, kein schöner Anblick. Krivy machte die Eigentümerin ausfindig, die sich von der Idee angetan zeigte. In mühevoller Arbeit wurde die Betonwand im Frühjahr 2022 freigelegt und renoviert. Derart vorbereitet, grundiert und geweißt wird jede Wand zur Leinwand. Entstanden war die Kunni-Hall: 40 Meter lang, 2,50 Meter hoch, regelmäßig bespielt von überregionalen und internationalen Street-Art-Künstlern. »Ausstellungswechsel«, also neue Street Art gibt es in der Regel alle vier bis sechs Wochen.

Es handelt sich jedoch nicht um eine offene Wand zum Üben und Ausprobieren für den Sprayer-Nachwuchs. Es ist eine anspruchsvolle »Open Stage« für Mural und Street Artists. Wer malen will, also die »Leinwand« gestalten will, bewirbt sich, bringt Erfahrung, ein aussagekräftiges Portfolio und eine erste grobe Skizze mit, die dann gemeinsam diskutiert wird. Hat ein Street-Art-Künstler den Zuschlag erhalten, steht es ihm oder ihr völlig frei, zu gestalten und sich visuell auszuleben. Erlaubt ist alles, nur gefällig sollte es nicht sein. Beschmiert wird die »Kunni-Hall« übrigens nicht, in der Szene kennt man sich, und das Projekt genießt Respekt.

Adresse Am Luitpoldhain 1b, 96050 Bamberg (hinter der Tankstelle beim Y-Haus), instagram.com/vacuum_urban_artforms | **ÖPNV** Stadtbus 905, Haltestelle Kunigundendamm | **Öffnungszeiten** stets zugänglich | **Tipp** Der Kiosk Kunni ist ein beliebter Treffpunkt im Luitpoldhain. Auch der kleine Park selbst, direkt am Kanal gelegen, stadtnah und doch ruhig, ist gerade im Sommer sehr beliebt – lässige Atmosphäre und die perfekte Umgebung für die Street-Art-Gallery.

48 Die Kupferschmiede

Hardware fürs Bier

Am 11. Januar 1677 begann eine sagenhafte Unternehmensgeschichte vor dem Traualtar. Der aus Schlesien stammende Kupferschmiedgeselle Christian Schulz ehelichte die Witwe seines ehemaligen Meisters und übernahm dessen Handwerksbetrieb. Aus dieser Ehe ging ein Familienbetrieb hervor, der bis heute Bestand hat. In der Werkstatt am Unteren Kaulberg wurde schon zu dieser Zeit nicht nur an gängigen Haushaltswaren gehämmert, sondern auch an Braupfannen. In der nächsten Generation, Hanns Geörg Schulz, bestimmten zunehmend prestigeträchtige Schmiedearbeiten für das Domkapitel die Auftragsbücher. Sohn Tobias gelangte an einen der lukrativsten Aufträge, die eine Domstadt einem Kupferschmied zu übereignen hat: die Eindeckung der Domhelme. Doch wurde ihm dieser Auftrag zum Verhängnis. Am 31. Dezember 1767 stürzte Tobias Schulz bei Abschlussarbeiten an der Turmspitze zu Tode.

Aber die Kupferschmied-Dynastie bestand fort. Als Kaspar Schulz (1856–1915) den Betrieb in siebter Generation führt, konzentriert er die Produktion auf die Herstellung von Braukesseln. Die Kupferschmiede expandiert und erhält den Namen, der bis heute (in leicht abgewandelter Form) Bestand hat: »Kaspar Schulz, Apparatebauanstalt, Kupfer- und Kesselschmiede«. Heute versorgt das Familienunternehmen in zehnter Generation, nunmehr am Stadtrand in der Kaspar-Schulz-Straße, weltweit Brauereien mit der nötigen Hardware. Sitzt man in irgendeiner Brauereigaststätte neben dem malerischen kupfernen Kessel bei einem kühlen Bier, ist es nicht unwahrscheinlich, dass nicht nur das Malz vom Weyermann kommt, sondern auch der Kessel in Bamberg gefertigt worden ist.

Die Kupferschmiede, in der der Familienbetrieb seinen Anfang nahm, befand sich gegenüber dem Karmelitenkloster am Kaulberg. Heute ein Wohnhaus, erinnert eine Inschrift an die ehemalige Werkstatt des ältesten Brauereimaschinenherstellers der Welt.

Adresse Unterer Kaulberg 15, 96049 Bamberg | **ÖPNV** Stadtbus 901 oder 908, Haltestelle Schulplatz | **Tipp** Ein Familienbetrieb ist auch die Bäckerei Kunze, ein Stück den Kaulberg hinauf, Mittlerer Kaulberg 29. Köstliches Gebäck kommt unter anderem aus der kleinen Backstube hinter dem Verkaufsraum.

49 Das Landratsamt

Fliegende Akten und prügelnde Bürger

Der »Sturm auf das Landratsamt«, die APO (Außerparlamentarische Opposition) in Bamberg. Eigentlich fehlte Bamberg die universitäre Bühne für Politaktivisten. Doch im Sommer 1969 rückte die Domstadt über den Umweg Ebrach in den Fokus der Studentenbewegung. Hier saß der Münchner Student Reinhard Wetter im Gefängnis. Die außerparlamentarische Politprominenz solidarisierte sich und lud Mitte Juli 1969 zur »Roten Knastwoche« nach Ebrach. Der zuständige Bamberger Landrat zeigte sich humorlos und verbot kurzerhand das Wildzelten und damit das Protestcamp. Natürlich rollte die APO daraufhin nicht Fahnen und Schlafsäcke zusammen. Eine Gruppe von etwa 30 APO-Angehörigen machte sich auf, um den Landrat zur Rede zu stellen.

Sturm auf das Landratsamt? Der Pförtner war eben austreten, weswegen die APO-Delegation ungehindert in das Gebäude gelangte. Der Landrat war abwesend, also wurde sein Büro in Beschlag genommen. Verwüstet? Bereits 1969 wusste »Die Zeit« unter Berufung auf den damals ermittelnden Staatsanwalt zu berichten: »Beschädigungen wurden keine festgestellt.« Lediglich ein paar Akten vom Schreibtisch des Landrats nahmen einen ungewöhnlichen Dienstweg: nämlich durch das geöffnete Fenster. Aber selbst diese Akten wurden, zerknittert zwar, aber vollständig, wiedergefunden.

Sicherlich, die »Knastwoche« war kein Schulausflug der Englischen Fräuleins. Der Untergang des fränkischen Abendlandes – verwüstete Amtsstuben, Sex (also Unzucht) in der Öffentlichkeit, kommunistischer Umsturz gar (dem »Bayernkurier« war mal wieder der Gaul durchgegangen) – war es aber auch nicht. Doch war die Stimmung derart aufgeheizt, dass ein Gerücht über eine Protestaktion im Dom Bamberger Bürgern genügte, um den APO-Laden in der Kleberstraße zu verwüsten und dessen Kunden zu verprügeln. Schließlich musste die Polizei sogar ausrücken, um die APO vor zorneskochelnden Bürgern zu schützen.

Adresse Promenadenstraße 2 (Bürgerrathaus am ZOB), 96047 Bamberg | **ÖPNV** alle Stadtbusse zum ZOB | **Öffnungszeiten** von außen immer zu besichtigen – oder man hat einen Termin im Bürgerrathaus | **Tipp** Das Café Rondo in dem runden Glas-Stahl-Pavillon am Schönleinsplatz 3 ist der richtige Ort für einen italienischen Caffè, stilecht im Stehen getrunken.

50 Der Leberkäs-Automat

Fränkisch Streetfood 24/7

Heron von Alexandria war ein Genie. Der griechische Mathematiker und Ingenieur entwarf den Prototyp der Dampfmaschine und sich selbst öffnende Türen – im 1. Jahrhundert nach Christus! Und er erfand den ersten Münzautomaten der Geschichte: einen Weihwasserautomat. Die eingeworfene Münze fiel auf einen Hebel, der für einen Moment einen Verschluss öffnete, sodass der Tempelbesucher an das Weihwasser kam. Genial einfach und einfach genial. In unserer hypertechnologisierten Welt ringt uns der handelsübliche Münzautomat kein Staunen mehr ab: Fahrkarten, Snacks und Getränke am Bahnhof, Zigaretten und Fahrradschläuche, völlig normal. Unscheinbar in der hinteren Jäckstraße steht aber ein Automat, den vielleicht nicht jeder erwartet hätte: ein Leberkäs-Automat.

Und es ist nicht irgendein Leberkäs, der in die Ausgabeklappe gehoben wird, sondern einer vom Liebold. Die Metzgerei Max Liebold gehört in die Sandstraße wie Schlenkerla und Sandkerwa. Bekannt ist die Metzgerei für ihre ausgezeichneten Leberkäsbrödla, für Nicht-Franken: Leberkäse-Brötchen – das fränkische Streetfood schlechthin. Traditionsreich wie die »Leberkäs-Manufaktur« ist auch das Rezept, und natürlich schmeckt es vor Ort, warm auf die Hand und im Kümmelbrötchen am besten. Einziges Manko: Die Öffnungszeiten können grausam sein und wollen manchmal einfach nicht mit dem Leberkäshunger zusammenpassen. Dafür aber ist Abhilfe geschaffen, dank des Leberkäs-Automaten.

Den Ofenleberkäse gibt es in der Dose und in mehreren Varianten (unter anderem Pizza, Käse, Chili oder auch Bärlauch und sogar vegan). Der Name hat übrigens nichts mit Leber zu, auch wenn Leber im Brät enthalten sein kann, sondern kommt vom »Laib«, in den das zerkleinerte Schweine- und Rindfleisch geformt wird. In diesem Fall gibt die Form die Dose vor. Hat man sich zu Hause den Leberkäse im Ofen aufgebacken, fehlt nur noch das Kümmelbrötchen.

Adresse Jäckstraße 33, 96052 Bamberg | ÖPNV Stadtbus 904, Haltestelle Aussegnungshalle | Öffnungszeiten stets geöffnet, meist gut gefüllt | Tipp Ein sehr gut sortierter Gewürzladen, die »Gewürzhelden«, findet sich an der Ecke Jäckstraße / Lichtenhaidestraße.

51 Das Lichtspiel

Die Kulturinstitution

Netflix, Prime, Disney – scheint, als würden die Streamingdienste dem Kino bald endgültig den Garaus machen. Doch das Lichtspiel (und mit ihm das Odeon eineinhalb Straßen weiter) steht wie ein Fels in der Brandung und bietet unbeirrt hohe Qualität. Hier wurden der geneigten Cineastenschaft Kusturica und Kaurismäki schon lange vor ihren großen Erfolgen gezeigt, Theo Angelopoulos in epischer Länge und immer wieder mal sperrige Uralt-Klassiker, die nur eine Handvoll Leute in den Saal locken. Zum Programm des Lichtspiels gehören aber auch zahlreiche Dokumentarfilme, die nicht selten für Furore sorgen. Oft schwere Kost, was jedoch nicht bedeutet, dass es in dem wunderbar altmodischen Filmtheater nicht auch fröhlich zugehen würde.

Die Auswahl für diese gelungene Mischung treffen Diana Linz und Gerrit Zachrich, der das traditionsreiche Filmtheater (1954 als Rex Lichtspiel eröffnet) im Jahr 1995 übernahm, seit 2000 führen sie das Kino gemeinsam. Doch das Lichtspiel ist mehr als ein ziemlich kleines Filmtheater (gerade mal 108 Plätze) mit herrlich nostalgischer Einrichtung und der praktischen Ablagefläche vor dem Sitz. Montag ist Kinotag, Donnerstag Studententag. Es gibt Seniorenkino mit Kaffee und Kuchen, in der Scheinbar Ausstellungen, und generell gehört das Glas Wein oder Bier (aus heimischen Brauereien) vor oder nach dem Film obligatorisch zu einem Abend im Lichtspiel. Hin und wieder kommt ein Regisseur vorbei und stellt seinen Film persönlich vor, das Lichtspiel ist überdies Spielort der traditionsreichen Bamberger Kurzfilmtage alljährlich im Januar. Kurzum: Dieses Kino ist eine kulturelle Institution.

Kein Wunder, dass das Lichtspiel mit Preisen geradezu überschüttet wird: 1997 der Berganza-Preis des Kunstvereins Bamberg, 2006 und 2020 als bestes Kino Bayerns, 2009 und 2022 als bestes Dokumentarfilmkino Deutschlands, um nur die wichtigsten zu nennen.

Adresse Untere Königstraße 34, 96052 Bamberg, Tel. 0951/26785, lichtspielkino.de | ÖPNV Stadtbus 901, 902, 911, 914, Haltestelle Luitpoldstraße, circa 400 Meter die Königstraße hinein | Tipp Das älteste Kino der Stadt von 1908 befand sich an der Ecke Luitpoldstraße / Obere Königstraße, nur wenige hundert Meter vom Lichtspiel entfernt. Heute werden dort Orientteppiche verkauft, das mächtige gelbe Gebäude mit Turm ist nicht zu übersehen.

52 Das Mahnmal

Erinnerung an Widerstand und Zivilcourage

Ein Denkmal für drei Bamberger hat die Willy-Aron-Gesellschaft hinter dem Theater im Harmoniegarten errichten lassen. Das klingt idyllisch und ist es auch – autofrei und unter schattenspendenden Bäumen, ein kleiner Park mit Bänkchen, Tischtennisplatte und Spielplatz. Über das Schicksal, das allen dreien im Widerstand gegen das nationalsozialistische Regime widerfahren ist, kann der beschauliche Ort jedoch nicht hinwegtäuschen. Die drei Stelen – von rechts nach links: Hans Wölfel, Willy Aron und Claus Schenk Graf von Stauffenberg – wurden vom Bamberger Künstler Albert Ultsch geschaffen und 2016 eingeweiht.

Weithin bekannt ist natürlich Claus Schenk Graf von Stauffenberg, der als junger Leutnant zu den 17er Reitern (17. Reiterregiment Bamberg) in die Stadt kam. Im Herbst 1943, mittlerweile kriegsversehrt, wurde er nach Berlin berufen und gehörte fortan zum inneren Kreis der militärischen Führung, es entstand der Plan eines Putsches gegen Hitler. Nach dem missglückten Attentat vom 20. Juli 1944 wurde Stauffenberg noch in derselben Nacht im Bendlerblock hingerichtet, seine Bamberger Familie in Sippenhaft genommen.

Willy Aron hingegen wurde seine politische Überzeugung schon im Frühjahr 1933 zum Verhängnis. Als Justizreferendar verteidigte der Sozialist 1932 gemeinsam mit Thomas Dehler (später erster Justizminister der Bundesrepublik) Angehörige der SPD gegen die Nationalsozialisten. Er wurde festgenommen und nach Wochen in Haft im Mai 1933 ins Konzentrationslager Dachau gebracht. Dort starb er nach schwerer Folter am 19. Mai 1933 im Alter von nur 26 Jahren.

Der in der Kirche aktive Katholik Hans Wölfel arbeitete ebenfalls als Rechtsanwalt in Bamberg. Nachdem er Zweifel am Endsieg geäußert hatte, wurde er im Mai 1944 wegen »Wehrkraftzersetzung« zum Tode verurteilt und am 3. Juli 1944 hingerichtet. Denunziert hatte ihn eine 21-jährige Frau des BDM.

Adresse Ecke Zinkenwörth/Schönleinsplatz, 96047 Bamberg | ÖPNV mitten in der Stadt, der ZOB (Zentraler Omnibusbahnhof) liegt gerade mal 150 Meter entfernt | Tipp Stauffenberg hat man an prominenter Stelle schon viel früher ein Denkmal gewidmet: eine Erinnerungstafel in exponierter Lage, auf der Oberen Brücke im Durchgang des Alten Rathauses, gestiftet von den 17er Reitern.

53 Die Malzfabrik

Röstaromen aus Bamberg

Angefangen hat alles unter einer Zeltplane. Ein Arbeiter und eine Rösttrommel unter einem Zeltdach im Hinterhof der Schwiegereltern, das genügte Johann Baptist Weyermann, Getreidehändler und Spross einer alteingesessenen Bamberger Familie, als Grundlage für seine 1879 gegründete Malzfabrik, nach seinem Vater »Mich. Weyermann Malzkaffee Fabrik« genannt. Die Initialen des Namensgebers verschränken sich heute noch im markanten Logo. Die Farben Gelb und Rot stehen für das Getreide und für den Backstein, aus dem die Produktionsstätte gebaut ist.

Das Unternehmen war nämlich derart erfolgreich, dass im Dreikaiserjahr 1888 Expansion geboten war. An einem Feldweg, der heute Memmelsdorfer Straße heißt und direkt an der Bahnlinie liegt, entstand in den folgenden Jahrzehnten Stück für Stück die kolossale Fabrikanlage, die heute als Industriedenkmal unter Schutz steht. Der Bezug auf die Backsteingotik war damals für Fabrikneubauten nicht unüblich. Sichtlich stand die Marienburg des Deutschen Ordens für die Mälzerei Modell. Die Muckefuck-Zeiten waren da natürlich längst vorbei. Die Malzfabrik röstete die gekeimte Gerste bald vor allem für Brauereien.

Noch immer ist Weyermann ein Familienbetrieb, beschäftigt heute etwa 260 Mitarbeiter, liefert in die ganze Welt und darf als Weltmarktführer unter den Produzenten von Spezialmalzen gelten. Die Produktpalette ist beeindruckend. Wer meint, Malz schmecke schlicht, wie geröstetes Getreide eben schmeckt, also bitter: weit gefehlt. Denn das Aroma von Malz ist überaus komplex, die aromatischen Kombinationsmöglichkeiten sind schier unendlich. Auch der Laie schmeckt hier die Ahnung von dunkler Schokolade oder dort einen Hauch Honig oder Karamell und sicherlich mehr oder weniger Rauch. Die Vielfalt ist eine wahre Freude für Brauer und Bierfreunde, schließlich festigt sich der Charakter eines Biers durch das Malz.

Adresse Brennerstraße 15, 96052 Bamberg, weyermann.de | ÖPNV vom Bahnhof nur wenige Minuten zu Fuß | Öffnungszeiten Führungen durch die Mälzerei Mi 14 Uhr | Tipp In der Mälzerei wird auch gebraut und gebrannt. Die Braumanufaktur findet sich in einem Nebengebäude, die Whisky- und Gin-Destillen stehen im Gästezentrum. Dort gibt es neben internationalen Craft-Bieren, die mit Weyermann-Malz gebraut wurden, auch die hauseigenen Whiskys, Gins und Bierkreationen im Angebot (Craft-Beer-Shop Mo–Fr 10–18 Uhr, Sa 10–14 Uhr).

54 Das Marionettentheater

Große Oper und klassisches Theater

Die Illusion von großer Bühne. Eine Illusion, die den Zuschauer augenblicklich in ihren Bann zieht. Wenn das Licht gelöscht wird und sich der Vorhang ruckelnd hebt, rückt mit dem schmucken Biedermeierdekor im Zuschauerraum auch die Welt zurück, und alle Aufmerksamkeit wird in die Tiefe des Bühnenbilds hineingezogen.

Es sind große Inszenierungen, die im Bamberger Marionettentheater auf kleiner Bühne aufgeführt werden. Wer kindgerechtes Strippenziehen im Puppenkistenformat erwartet, liegt reichlich falsch. Das Repertoire umfasst große Opern, allen voran Mozarts »Zauberflöte«, klassische Theaterstücke wie Shakespeares »Sommernachtstraum«, Volksschauspiele, darunter der »Dr. Faust«, mit dem das Marionettentheater vor bald 40 Jahren eröffnete, sowie Bühnenversionen von Kunstmärchen wie »Der goldne Topf«. Eine Besonderheit stellt Kleists »Käthchen von Heilbronn« dar, das als historisches Papiertheater aufgeführt wird. Für das jüngere Publikum stehen drei Märchen auf dem Programm. Was das Ensemble auf die Bühne zaubert, ist sensationell! Kunstvoll gestaltete Bühnenbilder voller Kontraste und Details, grandios in Szene gesetzt von einer effektvollen Beleuchtung, sogar Spezialeffekte wie Nebelmaschine oder Pyrotechnik, Text und Musik großartig eingespielt und nicht zuletzt die in ihrem Minimalismus enorme Ausdruckskraft der handgroßen, feingliedrigen Marionetten – all das schafft eine zauberhafte Atmosphäre, der man sich kaum entziehen kann.

Nach dem Schlussapplaus gewährt das Ensemble einen Blick auf den Arbeitsplatz der Puppenspieler. Wenn man hinter den Kulissen sieht, wie Bühnenbilder verschoben und Effekte erzeugt werden, oder erfährt, dass die Spieler keine Rollen besetzen, sondern Positionen auf der Bühne, dann mag die Illusion vielleicht verfliegen. Die Faszination aber rund um dieses einzigartige, magische Theatererlebnis, die bleibt.

Adresse Staubsches Haus, Untere Sandstraße 30, 96049 Bamberg, bamberger-marionettentheater.de. 2026 soll das Marionettentheater in den Barockflügel von Schloss Geyerswörth umziehen | **ÖPNV** Stadtbus 916, Haltestelle Stadtarchiv | **Öffnungszeiten** Vorstellungen am Wochenende (später Nachmittag, früher Abend) | **Tipp** Bratwurst aus dem Wok: Im beliebten, traditionsreichen Pelikan in der Unteren Sandstraße 45 gibt es thailändische Küche auch im fränkischen Crossover. Man sitzt in typischem Kneipenambiente oder im hübschen Innenhof (Mi Ruhetag).

55__Das »Meeting«

Ein Kunstwerk, das keinen kalt lässt

Der Bamberger Volksmund kann gnadenlos sein. Da reckt sich ein stolzer Neptun an prominenter Stelle und wird »Goblmoo«, Gabelmann, genannt. Ähnlich erging es dem hockenden Männerkreis an ebenso prominenter Stelle am Schönleinsplatz, aus den acht leuchtend rot lackierten Figuren wurden schnell: die »Scheißerla«. Der Künstler Wang Shugang indes sah nach eigener Aussage in dieser Körperhaltung – im chinesischen Alltag eine weit verbreitete Warteposition – eine künstlerische Möglichkeit, den unzähligen und allgegenwärtigen, oft so ernsten »Meetings« dieser Welt ein erheiterndes Denkmal entgegenzusetzen.

Mit mehreren Skulpturenausstellungen im öffentlichen Raum legte das Internationale Künstlerhaus Concordia den Grundstein für die heutige Fülle großer und großartiger Plastiken in der Innenstadt. Den Anfang machte 1998 die spektakuläre Botero-Schau, initiiert von Bernd Goldmann, dem frisch installierten Direktor des damals gerade erst eröffneten Künstlerhauses. Es folgten weitere Ausstellungen international bekannter Künstler, von denen je ein Werk heute das Antlitz der Innenstadt schmückt: Boteros berühmte »Liegende mit Frucht« am Heumarkt hinter der Uni ebenso wie der melancholische »Centurione I« des Bildhauers Igor Mitoraj am Rand der Unteren Brücke, die »Große Figur 1982« von Joannis Avramidis am Pfahlplätzchen oder aber der »Apoll« von Markus Lüpertz vor der St.-Elisabeth-Kirche in der Sandstraße. Zahlreiche weitere Kunstwerke folgten, zuletzt mehrere Skulpturen von Rui Chafes und eben das »Meeting« von 2016. Finanziert wurden viele der Plastiken durch private Spenden, mittlerweile sind es im Stadtgebiet weit über 30 Skulpturen.

In Sachen Aufmerksamkeit ist das »Meeting« vielleicht der größte Erfolg. Kein Bamberger hat keine Meinung zu diesem Kunstwerk und gefühlt jeder zweite Tourist geht selbst in die Hocke: zum Selfie mit den roten Männern.

Adresse Schönleinsplatz, 96047 Bamberg | **ÖPNV** mitten in der Stadt, der ZOB (Zentraler Omnibusbahnhof) liegt gerade mal 150 Meter entfernt | **Tipp** Benannt ist der zentrale Platz Bambergs nach Dr. Johann Lucas Schönlein (1793–1864), bedeutender Arzt, Pathologe und Lehrer des vielleicht noch bedeutenderen Rudolf Virchow. Ein Denkmal vor der Sparkasse am Platz erinnert an ihn.

56 Das Missionsmuseum

Suche Souvenirs, biete neuen Glauben

Eine kleine Kulturgeschichte des Souvenirs dürfte konstatieren: Bei den meisten aus der Ferne mitgebrachten Dingen handelt es sich um ausgesuchte Scheußlichkeiten. Grell glasierte Aschenbecher, obwohl man doch längst nicht mehr raucht, städtische Wahrzeichen in der Schneekugel oder Winkekatzen jenseits jeder ästhetischen Klassifizierbarkeit. Eines aber haftet allem Mitgebrachten an: die Erinnerung an eine Zeit, die man in der Fremde verbracht hat. Kaum jemand ist gegen diese Sammel-Sentimentalität gefeit, warum sollte das bei Ordensbrüdern anders sein? Eine Missionsreise ist schließlich auch nichts weiter als eine Dienstreise mit dem Ziel, Schulen, Waisenhäuser und Ausbildungsstätten zu errichten.

Die Missionsbrüder des Franziskanerordens, denen Schloss Bug als Ordenshaus dient, waren viel auf Reisen: Indien, Afrika, Südamerika. Was sie dort zusammengetragen haben, verstaubt nicht auf dem Speicher, sondern wird im Missionsmuseum neben dem Schloss ausgestellt. Zugegeben, aus heutiger Sicht ist so manches Exponat dabei, das kein Zoll der Welt mehr durchwinken würde – artenschutztechnisch höchst problematisch: eingelegte Schlangen, Elefantenstoßzähne und ein Elefantenfuß, Tiger- und Leopardenfelle. In dem Sammelsurium exotischer Souvenirs finden sich auch zahlreiche Preziosen, allen voran filigrane Elfenbeinschnitzereien, darüber hinaus Sitars, Teegeschirr aus Kokosnuss, alte britisch-indische Briefmarken und, und, und. Scheuen Sie sich nicht, den diensthabenden Ordensbruder im Museum zu befragen, er weiß viele Geschichten zu erzählen – und vielleicht gibt er Ihnen auch den Backenzahn eines Elefanten zur Gewichtsprobe in die Hand.

Natürlich gibt es auch ästhetische Grausamkeiten (vor allem aus der Kategorie Winkekatze), welche die kuriose Schau von Souvenirs missionarischer Dienstreisen jedoch auf ihre ganz eigene Art und Weise bereichern.

Adresse Missionsmuseum Bug, Schloßstraße 30, 96049 Bamberg | ÖPNV Stadtbus 918, Haltestelle Bug Schloßstraße | Öffnungszeiten So und feiertags 14–17 Uhr | Tipp Wem der Hunger ein wenig exotisch gerät, der ist in der Gaststätte des Hotels Lieb an der Buger Spitze richtig. Thailändische und fränkische Küche werden nicht crossover, sondern säuberlich getrennt serviert – Wokgemüse und Schweinebraten. Sehr schöner Garten unter schattenspendenden Bäumen, beliebt auch für Kaffee und Kuchen (Mo Ruhetag).

57 Der Nabel der Welt

Urbi et orbi

Über den Grundriss Bambergs legt sich ein bedeutungsschweres Symbol. Verbindet man die Stiftskirchen miteinander – St. Stephan, Dom und St. Michael, St. Gangolf und St. Jakob –, ergibt sich unzweideutig ein Kreuz. Die Linien des Bamberger Kirchenkreuzes treffen sich auf dem Domplatz, nur wenige Schritte vom Dom entfernt. Zweifellos ein Ort von spiritueller Wucht, ein Omphalos, das Zentrum der Stadt, und ja, der Nabel der Welt. Hatte nicht bereits Heinrich II. sein Bamberg zum *caput orbis*, zum Haupt des Erdkreises, befördert? Ein fränkischer Gegenentwurf zum ewigen Rom? Drunter ging's nicht.

Über die Jahrhunderte ragte der Nabel der Welt als Säule über den Domplatz. Heinrich selbst soll damit den Mittelpunkt seines Reichs markiert haben. Um 1240 wurde sie durch eine neue Säule ersetzt. Viel weiß man nicht über das Standbild. Erhalten hat sich der volkstümliche Name: Tattermannsäule. Ein Fragment, eine Löwenskulptur, die den Sockel zierte, ist im Historischen Museum zu sehen. Über dem Sockel erhob sich eine Christusdarstellung. Deren Verwitterungsspuren haben der Säule möglicherweise ihren Namen eingebracht. Sollte der Volksmund tatsächlich derart respektlos gewesen sein, den Schmerzensmann »tattrig« zu nennen? 1779 fiel die Säule Umbauarbeiten am Domplatz zum Opfer und wurde nicht ersetzt. Es blieb die Erinnerung an den Tattermann und den Nabel der Welt auf dem Bamberger Domberg.

Zum 1000-jährigen Jubeljahr des Bistums wurde das Zentrum des Erdkreises 2007 mit einer Skulptur des Künstlers Micha Ullman reaktiviert. Die Säule erhebt sich allerdings nicht über den Domplatz, sondern ist darin eingebettet und durch eine Glasplatte abgedeckt. Doch der Nabel der Welt macht der versenkten Säule einen Strich durch die symbolschwere Rechnung: Renitente Bodenfeuchte verhindert bislang den kondensfreien Blick auf das Kunstwerk. Nichtsdestotrotz ein idealer Ort für ein Urbi-et-orbi-Selfie.

Adresse Domplatz, 96049 Bamberg | ÖPNV Stadtbus 910, Haltestelle Domplatz | Tipp Neben dem Nabel der Welt liegt das prachtvolle Fürstenportal des Bamberger Doms. Im Bogenfeld ist das Jüngste Gericht dargestellt, bei dem alle Beteiligten außer Christus lächeln: die Erlösten selig, die Verdammten, darunter auch ein König und Papst, eher gequält. Und die Mimik des Teufels mit der Kette sagt eindeutig: Ätsch!

58 Der Napoleon-Schreibtisch

Weltpolitik in der Neuen Residenz

Da hatte man so sehnsüchtig auf den Kaiser gewartet, ihm sogar einen Saal (den berühmten Kaisersaal, siehe Ort 4) und prachtvolle Gemächer (das Kaiserappartement) eingerichtet, und dann kam er tatsächlich – wenn auch 100 Jahre zu spät und noch dazu der falsche. Aber Kaiser ist Kaiser, und wie man Napoleon so kennt, wird er die vorhandenen Annehmlichkeiten durchaus genutzt haben.

Am 6. Oktober 1806 kam der große Korse jedenfalls in Bamberg an, und noch am selben Abend soll er an diesem Schreibtisch – ein für Fürstbischof Franz Ludwig von Erthal gefertigtes, verschließbares »Zylinderbüro« aus kostbarem Nussbaum-, Pflaumen- und Rosenholz mit Intarsien aus der Zeit um 1780 – seine Kriegserklärung an Preußen verfasst haben. Noch kurz zuvor hatte Preußen mit Hilfe von Russland versucht, die französischen Truppen hinter die Rheinlinie zu drängen, Napoleon antwortete mit Krieg. Acht Tage später, am 14. Oktober 1806, kam es zur berühmten Schlacht von Jena und Auerstedt, bei der Preußen empfindlich geschlagen wurde und für Napoleon der Weg nach Berlin frei wurde. Anfang des 19. Jahrhunderts befand sich der Schreibtisch vermutlich im Gesellschaftszimmer des Kaiserappartements im zweiten Obergeschoss, gleich hinter dem Kaisersaal. Heute steht er im zweiten Vorzimmer nur drei Räume weiter, umgeben von acht sehenswerten Venedig-Veduten von Canaletto.

Über den zweiten Kurzbesuch Napoleons in Bamberg am 14. Mai 1812 ist weit weniger bekannt, wohl aber über den engen Vertrauten und Bewunderer Bonapartes: Marschall Louis-Alexandre Berthier. Als er 1815 dem zurückgekehrten Napoleon in treuer Freundschaft nach Frankreich folgen wollte, wurde er in der Neuen Residenz festgehalten. Es wird vermutet, dass sich der psychisch labile Berthier am Mittag des 1. Juni 1815 aus dem Fenster des obersten Stocks stürzte. Eine Gedenktafel erinnert an den »Bamberger Fenstersturz«.

Adresse Neue Residenz, Domplatz 8, 96049 Bamberg | ÖPNV Stadtbus 910, Haltestelle Domplatz | Öffnungszeiten April–Sept. 9–18 Uhr, Okt.–März 10–16 Uhr; Gemäldegalerien, Kaisersaal und Kaiserappartement sind frei zugänglich, das Fürstbischöfliche Appartement im ersten Obergeschoss nur im Rahmen einer Führung (finden regelmäßig statt, im Eintrittspreis inbegriffen) | Tipp Der Lesesaal der Staatsbibliothek im Erdgeschoss der Neuen Residenz bietet himmlische Ruhe und ausführliche Lektüre zu Bamberg, dazu einen herrlichen Blick auf den Rosengarten. Es finden auch Führungen statt (staatsbibliothek-bamberg.de).

59__Der Obelisk

100 Jahre Bayern in zwei Wochen

Als Denkmal nimmt man das Steingebilde an der Straße hinauf zur Altenburg auf der rechten Seite knapp unterhalb der Burgmauern erst mal gar nicht wahr. Schon irgendwie ein Obelisk, etwas ungerade und scheinbar recht alt, Epochenzuordnung schwierig. Entstanden ist das Monument im Jahr 1903 anlässlich der 100-Jahr-Feier der Zugehörigkeit des Hochstifts Bamberg zum Kurfürstentum Bayern. Tatsächlich hatte sich der Kurfürst bereits Ende 1802 das Hochstift unter den Nagel gerissen, nachträglich legitimiert durch den Reichsdeputationshauptschluss von 1803, aber sei's drum. Bamberg war bayerisch geworden.

Für die offizielle »Hundertjahrfeier der Vereinigung des Hochstifts Bamberg mit Bayern« stellte sich das dafür eingerichtete Festkomitee ein schlichtes Naturdenkmal vor und bat die Städte und Orte des ehemaligen Hochstifts um eine Steinspende zur Errichtung desselben. 36 mehr oder minder große und – ausdrücklich gewünscht – unbehauene Felsblöcke und Steine kamen so zusammen, jeweils gekennzeichnet durch den eingemeißelten Ort ihres Ursprungs. »Baunach«, »Eggolsheim« oder auch »Weismain« ist da beispielsweise zu lesen, was natürlich keineswegs einer Huldigung an 100 Jahre Einheit, sondern vielmehr einer wehmütigen Erinnerung an die einstige Größe des Hochstifts gleichkommt. In nur zwei Wochen Bauzeit schichtete die Bamberger Steinmetzfirma Fuchs die Steine zu einem acht Meter hohen Obelisken auf – fertig war das Denkmal!

Gefeiert wurde die 100-jährige Vereinigung im Juli 1903 mit einem pompösen, mehrtägigen Fest. Doch schon bald nach seiner Errichtung geriet das eigenartige – nennen wir es beim Namen: nicht sonderlich schöne – Bauwerk in Vergessenheit. Der Treppenaufgang zur Burg rutschte an der Ostseite ab und wurde aufgegeben beziehungsweise durch ein neues Stück Burgmauer ersetzt. Der Steinhaufen steht heute recht einsam und verlassen unterhalb der Burg.

Adresse Straße zur Altenburg, 96049 Bamberg | ÖPNV Stadtbus 913, Haltestelle Wildensorger Straße, dieser ein Stück weiter folgen, dann halb links in den Rinnersteig und hinauf zur Burg. Der Obelisk liegt nahe der Südostecke der Burgmauer | Tipp Ein schöner Spazierweg rund um die Altenburg beginnt am unteren Parkplatz, dauert circa 40 Minuten und verlängert sich bei einem Einkehrschwung zum Gasthof Heerlein im gleich unterhalb der Burg gelegenen Ort Wildensorg, Wildensorger Hauptstraße 57.

60 Der Ochse am Kranen

Büffeln im alten Schlachthaus

Der Ochse über dem Portal verrät die eigentliche Bestimmung des Gebäudes: Es ist ein Schlachthaus, das zur Hälfte über den Fluss ragt. Städtebaulich trefflich positioniert: Unter den Bögen, auf denen der 1741/42 errichtete spätbarocke Bau in der Regnitz ruht, konnten Blut und Schlachtabfälle direkt in den Fluss entsorgt werden. Einst war hier das Zentrum städtischer Betriebsamkeit. Bereits im Mittelalter stand am Alten Hafen ein Kran, um die Schiffe zu entladen. Die Kräne, die sich noch immer fotogen über die Regnitz beugen, stammen aus dem 19. Jahrhundert, als der Ludwig-Donau-Main-Kanal den Alten Hafen noch einmal für kurze Zeit belebte.

Heute werden natürlich keine Waren mehr gekrant. Am Alten Hafen legen nur noch die »Christl« und die »Stadt Bamberg«, die hiesigen Fahrgastschiffe, an. Den Schlachthof indes belebt die Uni, die Geografen sind dort untergebracht. Nebenan steht anstelle der Fleischverkaufshalle ein Neubau, der die Bibliothek der Geschichts- und Geowissenschaften beherbergt. Wenn die Aussichten für Historiker und Geografen nach dem Studium schon nicht so toll sind, sollten sie wenigstens während des Studiums gut sein. Von der Bibliothek jedenfalls hat man einen herrlichen Blick über die Regnitz und hinauf zu Dom und Michelsberg.

Die lateinische Inschrift unter dem Ochsen übrigens ist für einen so prosaischen Ort überraschend verspielt. Wenn das Latinum schon eine Weile her ist, die Übersetzung findet sich unter den Fenstern, rechts: »Sogleich ein Ochß, und nicht / Vorher ein Kalb Zu seyn, / Ist gegen die Natur, / Doch trifft es bey mir ein«, und weiter: »Da mich des Künstler's Hand / Zum Ochßen hat gemacht / Ehe Ich in Kälberstand / Von Der Natur gebracht.«

Als wollte der Künstler, Johann Adam Nickel, dem Spiel um Abbildung und Wirklichkeit noch eine ironische Nuance verpassen, setzte er dem liegenden Sandsteinochsen echte Hörner auf.

Adresse Am Kranen, 96045 Bamberg | **ÖPNV** Stadtbus 904, 906, 910, Haltestelle Am Kranen | **Tipp** Natürlich Kunigunde! Eine Statue der in der Domstadt hochverehrten Heiligen ziert die Untere Brücke – ein moderner Betonsteg, der selbst eher keine Zierde ist.

61 Der Ottobrunnen

Ein weit gereister Bischof

In der Senke zwischen Michelsberg und Abtsberg liegt idyllisch der Ottobrunnen. Über der Quelle steht eine kleine, von zwei Säulen flankierte Kapelle und darin die Statue von Otto I., Bischof von Bamberg, Pommernapostel und Heiliger. Auch wenn Otto nicht in Bamberg geboren wurde – wahrscheinlich um 1060 –, ist er doch aufs engste mit der Domstadt verbunden. Er hatte sich schon am Hof von Kaiser Heinrich IV. einen Namen gemacht, als er 1102 zum achten Bischof von Bamberg ernannt wurde – und er sollte einer der bedeutendsten werden. Otto ließ den angeschlagenen Heinrichsdom und das Kloster auf dem Michelsberg wiederherstellen, weihte die Kirchen St. Jakob und St. Getreu. Er förderte die Domschulen, wirkte karitativ. Auch außerhalb der Stadtgrenzen gründete, erwarb, reformierte, stabilisierte er eifrig im weit verstreuten Einflussgebiet des Bistums, das bis nach Kärnten reichte. Bis zu seinem Tod blieb Otto Bischof von Bamberg und führte das Bistum in eine Blütezeit.

Aber nicht nur im Bistum Bamberg wirkte Otto mit großem Erfolg. Beispielsweise vermittelte er beim noch immer schwelenden Streit zwischen Kaiser und Papst und war maßgeblich am Wormser Konkordat beteiligt, das den Investiturstreit befriedete. Und nicht zuletzt unternahm Otto, der schon in jungen Jahren am polnischen Hof tätig gewesen war, auf Bitten des polnischen Herzogs zwei Missionsreisen an die Ostsee. Mission accomplished, würde man heute sagen, denn tatsächlich gelang es Otto, die störrischen Pommern erfolgreich zu christianisieren.

1139 starb Otto in Bamberg. Seinem eigenen Wunsch folgend fand er in der Michelskirche seine letzte Ruhe, bereits 1189 wurde er heiliggesprochen. In Bamberg erinnern unter anderem vier Statuen an den verehrten Bischof: am Fuße des Dombergs (Ottoplatz), vor der Kirche St. Otto, prominent auf dem Max-Platz (siehe Nummer 80) und ganz versteckt am Ottobrunnen.

Adresse Der Ottobrunnen befindet sich am gleichnamigen Sträßlein. | ÖPNV Stadtbus 910, Haltestelle Michelsberg | Öffnungszeiten stets geöffnet | Tipp Das Grab des heiligen Otto soll Wunder wirken: Kriecht man durch den schmalen Durchschlupf, den es dort gibt, sollen Rückenschmerzen verschwinden. Wer also Rücken hat: Die Kirche soll Anfang 2026 wiedereröffnet werden.

62 Die Otto-und-Amalie-Tafel

Zwei Stunden Griechisch Tag für Tag

Die unscheinbare Gedenktafel im Rosengarten, beim Eingang gleich auf der linken Seite an der Mauer, übersieht fast jeder, der zum ersten Mal den barocken Park betritt. Zu betörend sind die etwa 4500 Rosen in Farbe und Duft, dazwischen die hübschen Rokokostatuen von Ferdinand Tietz (wenngleich Kopien) und der herrliche Blick. Die Plakette erinnert in deutscher und griechischer Schrift an Otto und Amalie, das griechische Königspaar aus Bayern, das hier im Exil lebte.

Mit nur 17 Jahren wurde Prinz Otto von Wittelsbach als König von Griechenland eingesetzt. Damals versank das Land der Hellenen im Chaos, der Unabhängigkeitskrieg gegen die Osmanen war gerade erst gewonnen, schon wurde der erste Präsident der Griechen ermordet, sodass die Schutzmächte Großbritannien, Russland und Frankreich sich für einen Herrscher von außen entschieden – eben den jungen Otto, Sohn von König Ludwig I. von Bayern, der ein begeisterter Philhellene war. Ab 1836 regierte Otto I. mit seiner Gemahlin Amalie in Athen, aber so richtig übergesprungen ist der Funke zwischen Volk und Königspaar nie. Der Unmut über den fremden Regenten entlud sich 1843 und 1862 bei Volksaufständen, bei Letzterem musste Otto abdanken und das Land verlassen.

Der Abstieg war tief, als Otto und Amalie im Herbst 1863 in Bamberg ankamen, das damals hinterste Provinz war, sehr weit weg von München und dem gesellschaftlichen Leben der Wittelsbacher. Nach dem Zerwürfnis mit Ottos Bruder, König Maximilian II., wurden sie nach Bamberg abgeschoben, fortan lebten sie in der Neuen Residenz. Der griechischen Idee blieben beide treu, legten jeden Tag eine Doppelstunde griechische Konversation ein und ließen ihre Dienerschaft in griechischer Tracht antreten. Otto starb am 26. Juli 1867 an Masern, Amalie lebte bis zu ihrem Tod 1875 allein in der Neuen Residenz. Bestattet wurden beide in der Theatinerkirche in München.

Adresse Domplatz 8, 96049 Bamberg; den Rosengarten erreicht man durch den Haupteingang der Neuen Residenz, in den Hof und dann rechts | ÖPNV Stadtbus 910, Haltestelle Domplatz | Öffnungszeiten April–Sept. 9–18 Uhr, Okt.–März 10–16 Uhr | Tipp Der elegante Gartenpavillon im Rosengarten des Barockbaumeisters Johann Jakob Michael Küchel von 1757 beherbergt ein Café mit Terrasse.

63__Das Papstgrab

Ein ungelöster Todesfall

In einem Grab im Bamberger Dom schlummert ein 1.000 Jahre alter Kriminalfall. Es ist kein gewöhnliches Grab und auch kein gewöhnlicher Fall: Es handelt sich um die letzte Ruhestätte von Papst Clemens II.

Als Bischof von Bamberg war Suidger 1046 nach Rom gereist, um Papst zu werden. Neuneinhalb Monate später kehrte er zurück nach Bamberg – tot, vielleicht vergiftet. Das Mordmotiv? Suidger war der Kandidat Heinrichs III., das Bistum Bamberg aber noch jung und politisch nachrangig. Heinrich räumte für Suidger gleich drei Päpste aus dem Weg, deren bischöfliche Hintern gleichzeitig den Stuhl Petri polierten. Nach der Papstwahl beförderte Suidger, nun als Clemens II., Heinrich umgehend zum Kaiser. Gemeinsam wollten sie die Kurie reformieren. So macht man sich Feinde.

Was man bei der Graböffnung fand, war zunächst aber keine forensische, sondern eine kunsthistorische Sensation: In der Tumba war das Papstgewand fast vollständig erhalten. Ein einzigartiger Fund! Das einzige erhaltene kuriale Schmuck-Textil aus dem 11. Jahrhundert: goldbestickte byzantinische Seide, Unter- und Obergewand (samt mutmaßlich kratziger Strümpfe) sowie der prächtige Mantel. Eine toxikologische Untersuchung der Gebeine dagegen ergab: Bleivergiftung. Dem Befund nach soll es allerdings eine chronische Bleivergiftung gewesen sein, hervorgerufen unter anderem durch den Genuss von Bleizucker, mit dem man sich den Wein versüßte. Die Frage aber, warum ein gestandenes Mannsbild – Clemens war mit über 1,80 Meter Größe für seine Zeit ein Riese – ausgerechnet während seines kurzen Italienaufenthalts dem Blei erlag, schwebt weiter im Kirchenraum.

Auf eigenen Wunsch hin wollte Clemens in Bamberg, seiner »süßesten Braut«, begraben liegen. Die marmorne Tumba befindet sich hinter der Kathedra, dem Bischofssitz im Peterschor. Es handelt sich um das einzige erhaltene Papstgrab nördlich der Alpen.

Adresse Domplatz, 96049 Bamberg | **ÖPNV** Stadtbus 910, Haltestelle Domplatz | **Öffnungszeiten** April–Okt. Mo–Mi 9–18 Uhr, Do, Fr 9.30–18 Uhr, Sa 9–11.30 und 13–16.30 Uhr, So 13–18 Uhr; Nov.–März jeweils nur bis 17 Uhr, Sa 9–16.30 Uhr | **Tipp** Das Papstornat ist wie auch der berühmte Sternenmantel Kaiser Heinrichs im benachbarten Diözesanmuseum ausgestellt. Um einen unverstellten Blick auf das Grab werfen zu können, empfiehlt sich eine Domführung.

64 Die Parkbank

Entspannung samt herrlichem Rathaus-Blick

Malerisch und vielfach gemalt, öfter noch fotografiert, abends romantisch, sicherlich einzigartig und eine der bedeutendsten Sehenswürdigkeiten der Stadt: das Alte Rathaus im Fluss. Entsprechend mächtig Betrieb ist zumeist auf der Oberen Brücke. Wer vom Alltag getrieben die Regnitzseite wechseln will, hastet achtlos vorüber, wird aber wahrscheinlich aufgehalten von Touristengruppen aus aller Welt, die den Fassadenschmuck bewundern – und die prägnanten Merkwürdigkeiten suchen, von denen man zu Hause erzählen kann: die Frau mit vier Brüsten links, das berühmte Beinchen rechts, beide kurios.

Vor dem Schloss Geyerswörth (noch ein Highlight: ein fünfflügeliger Renaissancebau mit prägnantem Turm) aber kann man sich von der Jagd nach all den Sensationen ein wenig erholen. Unter einem schattigen Baum steht eine Parkbank. Ein ungemein lauschiges Plätzchen. Die urbane Beschallung wird von der rauschenden Regnitz geschluckt. Ausgerichtet auf den Fluss kehrt man der Hektik den Rücken. Der Blick schweift über das Wasser, die geschwungenen Bögen der Brücke entlang und bleibt am Alten Rathaus hängen.

Bereits im 14. Jahrhundert stand ein Brückenturm samt anschließendem Langhaus mitten im Fluss. Der Kern des Rathauses stammt aus der Mitte des 15. Jahrhunderts, erkennbar noch am gotischen Kreuzrippengewölbe in der Tordurchfahrt (um das zu sehen, müsste man aber von unserem Bänkchen aufstehen). Sein heutiges Erscheinungsbild mit den Rokoko-Balkonen und all dem allegorischen Dekor der Fassadenmalerei erhielt das Rathaus Mitte des 18. Jahrhunderts durch Barockbaumeister Küchel, aufwendig restauriert und erneuert wurde diese 1959 bis 1961 durch den Bamberger Maler Anton Greiner. Davon sieht man zwar von der Parkbank aus nicht allzu viel, dafür rückt umso pittoresker das Rottmeisterhäuschen, einst Standort der Stadtwache, mit seinem formvollendeten Fachwerk in den Blick.

Adresse Obere Brücke, 96047 Bamberg | ÖPNV Stadtbus 904, 906, 910, Haltestelle Am Kranen | Öffnungszeiten stets zugänglich | Tipp Von der Parkbank nur über die Holzbrücke (beliebtes Selfie-Motiv vorm Alten Rathaus) kommt man zur Schranne. Hausnummer 7 beherbergt »Das schwarze Schaf« – die beste Cocktailbar im weiten Umkreis, deren Kreationen schon mit diversen Preisen ausgezeichnet wurden (dasschwarzeschafbamberg.de).

65 Poldis Reich

Der alte Bär vom Burgberg

Wer in Bamberg und Umgebung – weiterer Umgebung, sagen wir: 50 Kilometer Radius – über 50 ist, kannte ihn. Ist ihm zumindest einmal in seinem Leben begegnet, womöglich mit einem Eis in der Hand, auf dem Arm von Vater oder Opa über das Absperrgitter gelehnt und durchaus ehrfurchtsvoll. Hinter dem Gitter in seinem tiefergelegten Zwinger stand Poldi, der stattliche Burgbär und Darling aller Bamberger, gegen Ende seines Lebens vielleicht schon etwas hüftsteif, aber doch immer bereit, die ihm zugeworfenen rohen Eier – seine Leibspeise – zu fangen. 1952 wurde Poldi als Gesellschafter für eine Bärin namens Toni angeschafft, eine ältere Dame, die im Jahr zuvor aus Hellabrunn geholt worden war. Doch aus der Bärenfreundschaft wurde nichts. Toni war gar nicht begeistert von dem sechs Monate alten Jungspund, was sie aber vielleicht besser hätte sein sollen, denn so musste sie in die ewigen Bärenjagdgründe umziehen.

Toni und Poldi waren nicht die ersten Burgbären der Altenburg, bereits von 1902 bis 1913 war hier ein Meister Petz namens Hassan untergebracht. Anfang der 1950er Jahre besann sich der Altenburgverein dann auf den Publikumsmagneten Burgbär. Pate für den jungen Poldi war übrigens der überaus beliebte Oberbürgermeister Luitpold Weegmann – daher auch der Name. 30 Jahre lebte Poldi allein auf der Altenburg in der Obhut seiner Pfleger und erfreute unzählige Besucher, bis er im Dezember 1982 wegen schwerer Arthrose und Altersschwäche eingeschläfert werden musste. Mit ihm ging die lang gehegte Tradition der Burgbären in Deutschland endgültig zu Ende.

Heute befinden sich hier eine grüne Wiese und eine Bärenattrappe hinter Gittern im Bärenzwinger. Die Zeiten, in denen man einem Bären 60 Quadratmeter und gute Fütterung zugestand, sind vorbei. Und trotz aller Liebe und Begeisterung für Poldi wird wohl niemand daran zweifeln, dass das auch gut so ist.

Adresse Altenburg 1, 96049 Bamberg | ÖPNV Stadtbus 910, Haltestelle Wildensorger Straße, dieser ein Stück folgen, halblinks in den Rinnersteig und hinauf zur Burg | Tipp Es gibt zwar keinen Burgbären mehr, dafür aber Turmfalken. Zahlreiche Jungvögel wurden im Laufe der letzten Jahre im Nistkasten oberhalb des Feuerkorbs flügge. Einen Blick in die Kinderstube der Falken erhält man im Torhaus, wo man die Falkenfamilien am Live-Monitor beobachten kann – sollten sie nicht gerade ausgeflogen sein.

66 Die Pyramidenhügel

Blick über den neuen Bürgerpark

Ein wenig eigentümlich, aber recht markant sind die drei Hügel der Liegewiese gestaltet: nicht sanft gerundet, sondern in Form von Pyramiden. Von oben entfaltet sich ein schöner Blick über das ehemalige Industriegelände der ERBA-Insel, das zu einem gelungen konzipierten Naherholungsgebiet umgestaltet wurde.

Früher war hier die »Mechanische Baumwollspinnerei und Weberei Bamberg« (später »ERlangen-BAmberg«) ansässig. Bis zu 1500 Menschen standen in den Hochzeiten an den Webstühlen – natürlich wurden es immer weniger, bis 1993 die unvermeidliche Pleite die Textilindustrie im Stadtteil Gaustadt und die letzten 650 Arbeitsplätze eliminierte. Gerettet hat das zur Industrieruine verkommene Areal der Zuschlag für die Landesgartenschau im Jahr 2012, für die auf der Insel mit großem Aufwand ein wunderbarer Landschaftspark mit begehrtem Wohngebiet entstand. Der sanierte Turm mit dem ERBA-Schriftzug steht noch (heute Wohnungen), auch der Schornstein und das backsteinrote, mächtige Fabrikgebäude (die Zwirnerei) erinnern an das Industriegebiet. Nach aufwendiger Renovierung befinden sich hier heute schicke Studentenappartements, und die neue Uni für Wirtschaftsinformatik ist gleich nebenan.

So sind es vor allem jüngere Leute, die sich auf der ERBA-Insel zum Chillen treffen, sich auf den gepflegten Basketball- und Beachvolleyball-Feldern auspowern oder über das Zwölf-Hektar-Gelände mit eigens angelegtem Bach (der »Fischpass«) joggen. Bis zur Landspitze mit der Bronzefigur »BaERBAla« des Bildhauers Rainer Kurka kann man laufen oder zum Faltbootclub und weiter Richtung Altstadt. Oder im veganen Café Zeiten & Wunder im alten Schleusenwärterhäuschen bei Kuchen und Torten relaxen und die Kinder auf den Sams-Spielplatz nebenan loslassen. Manche sitzen aber auch einfach nur auf einem der Pyramidenhügel und genießen den Blick auf das noch ziemlich neue Stück Bamberg.

Adresse ERBA-Insel, An der Spinnerei, 96049 Bamberg | ÖPNV Stadtbus 906 Richtung Gaustadt/Bischberg, Haltestelle Spinnerei und über die ERBA-Brücke (Schleuse) auf die Insel | Tipp Der Portugiesische Volksgarten – die Associação Recreativa Portuguesa e. V., kurz ARP – ist ein wunderbarer Biergarten mitten in Gaustadt. Auf den Teller kommt gegrillter Fisch, dazu spritziger Vinho do garrafão. Leider nur Fr–So geoffnet (Gaustadter Hauptstraße 81).

67 Die Radstuben

Mit der Kraft des Wassers

In einer Zeit, als Bambergs Altstadt noch nicht durch das Weltkulturerbe geadelt und in Schönheit erstarrt war, pulsierte das Handwerk an den Ufern der Regnitz. Der Fluss versorgte die Betriebe mit Energie, kostenlos, nachhaltig und CO_2-neutral: Wasserkraft. Der Motor aller Emsigkeit waren die Mühlen. Dort wurde gehämmert, zertrümmert und gesägt, gepresst, geschliffen, poliert, gewalkt und natürlich auch gemahlen.

Auf engem Raum, zwischen Rathausinsel und Villa Concordia, pflügten Dutzende Räder in drei Mühlenvierteln durch den linken Seitenarm der Regnitz. Die Mühlentreppe fiel von den Steinmühlen unterhalb des Stephansbergs, auch Obere Mühlen genannt, über die Unteren Mühlen (die Brudermühlen hießen, da sie Franziskanern unterstanden) bis zu den Mühlen um die Rathausinsel. Gegenüber dem Rathaus mahlte die älteste Bamberger Mühle, ihr Rad drehte sich schon, da stand auf dem Domberg noch eine Burg. Heute erstrahlt an ihrer Stelle die schmucke Rokoko-Fassade des Hellerhauses in Babyblau. Die Steinmühlen erhielten ihren Namen nicht, weil sie Steine zerschlugen, sondern weil der zentrale Mühlenbau aus solidem Stein errichtet war. Heute liegen im Oberen Mühlenviertel exklusive Studentenbuden sowie im malerischen Fluss-Ambiente das Gasthaus Eckerts. Was man nicht sieht: Darunter nutzt ein Flusskraftwerk weiterhin die Kraft der Regnitz. Gleiches gilt für das Zentrum Weltkulturerbe, auch dort erzeugt eine Turbine emissionsfrei Strom.

Früher baute man zum Schutz gegen Hochwasser, Eis und anderes Unbill, das ein Fluss so mit sich führt, Mühlenkästen um die Wasserräder, sogenannte Radstuben. Ein paar sind erhalten, beispielsweise bei der Bischofsmühle oder ein paar Schritte weiter auf der Unteren Mühlbrücke linker Hand des Zentrums Welterbe – schön zu sehen auch vom Geyerswörthsteg. Doch wird hier keine Mühle mehr angetrieben, sondern ebenfalls Energie erzeugt.

Adresse Untere Mühlbrücke, 96047 Bamberg | ÖPNV Stadtbus 901 oder 908, Haltestelle Schranne | Tipp Das Zentrum Welterbe Bamberg informiert anschaulich und unterhaltsam über all die schützenswerten Facetten, die Bamberg zum Teil des UNESCO-Welterbes machen. Täglich 10–18 Uhr, Untere Mühlbrücke 5, welterbe.bamberg.de.

68 Der Regattaturm

Handelsweg und Rennstrecke

Etwas verloren steht er in der Landschaft am Wasser. Und eine echte Schönheit ist er auch nicht, der Regattaturm am Main-Donau-Kanal, eher fällt er unter die Kategorie »funktional«. Doch einmal im Jahr kehrt das bunte Leben ein, wenn im Frühsommer die Bamberger Ruderregatta steigt. Dann ist der Turm beflaggt, drum herum wird gezeltet und auf dem schnurgeraden Kanal werden unzählige Rennen in der 1.000-, 1.500- und 3.000-Meter-Distanz gerudert. 2023 wurde die traditionsreiche Regatta zum 61. Mal veranstaltet.

Seine neue Regattastrecke – samt Turm – hat Bamberg dem Bau des Main-Donau-Kanals zu verdanken. Die Idee, den Rhein über den Main und mittels eines Kanals mit der Donau (und mithin Nordsee mit Schwarzem Meer) zu verbinden, hatte schon Karl der Große im 8. Jahrhundert. Der im 19. Jahrhundert realisierte Ludwig-Donau-Main-Kanal (siehe Ort 73) zeigte sich den logistischen Ansprüchen einer industrialisierten Welt jedoch bald nicht mehr gewachsen. Das Mammutprojekt Neuer Kanal begann schließlich 1960. Mitten durch die Stadt wurde der rechte Regnitzarm zu einem tiefen Kanal samt Wehr und Fluttor zum Schutz der Altstadt gebaut – von der Regnitzmündung bis zur Schleuse Bamberg. Nach nur sieben Jahren war der erste Bauabschnitt fertig, 1968 fand hier – unweit der Bamberger Schleuse – die erste Regatta statt.

Die Bamberger Rudergesellschaft wurde dagegen schon 1884 aus der Taufe gehoben. Ihren ersten Bootsschuppen hatte sie beim Wasserschloss Concordia, gerudert wurde auf der Regnitz, hier fanden auch die ersten Regatten statt. Noch heute wird auf dem »alten«, dem linken Regnitzarm im Hain trainiert – sicher eine der schönsten Regattastrecken überhaupt mit einem der schönsten Biergärten am Wasser: das Bootshaus, das über 100 Jahre alte Clubhaus der Bamberger Rudergesellschaft. Zur Eröffnung 1914 kam seinerzeit sogar König Ludwig III. von Bayern angereist.

Adresse Bughof, 96049 Bamberg | ÖPNV Stadtbus 918, Haltestelle Bug Mitte, dann 15 Minuten zu Fuß | Tipp Für nicht ganz so Ambitionierte: Im Sommer gibt es im nahe gelegenen Hain an der Buger Spitze einen Tretbootverleih. Ideal für eine gemütliche Bootspartie auf dem »Lago Bugano«.

69__Die Reithalle

Relikt der Kavallerie-Garnison

Man musste die wesensfesten Bamberger Gärtner schon enteignen, freiwillig hätten sie ihre Gemüsegärten nicht hergegeben. Doch stand zu befürchten, dass das bayerische Kriegsministerium den Zuschlag für den Standort des 5. Infanterieregiment an Erlangen vergibt. So entstand ab 1890 die Kaserne zwischen Pödeldorfer und Zollnerstraße. Teil der ersten Bauphase war das Exerzierhaus, das mit der Erweiterung der Kaserne ab 1904 ins Zentrum des militärischen Areals rückte. Nach dem Ersten Weltkrieg wurde das Infanterieregiment aufgelöst. Mit der Wiederaufrüstung 1934 kamen die 17er Reiter, die Ulanen (siehe Ort 84), aus der Infanteriekaserne wurde eine Kavalleriekaserne, benannt nach dem sieg-, aber auch verlustreichen Gefecht der Ulanen am 11. August 1914 in Lagarde (Lothringen). Das Exerzierhaus war nun Reithalle.

Nach der Besetzung Bambergs am 13. April 1945 durch amerikanische Truppen ging das gesamte Areal an die US-Streitkräfte. Bis zu 12.000 Soldaten, oft mit Familien, waren in den 1970er Jahren in den »Warner Barracks«, die sich mit ihren neu hinzugekommenen »Housings« bis weit über den Stadtrand erstreckten, untergebracht. Der 17-Uhr-Zapfenstreich war über Jahrzehnte ebenso im kollektiven Gehörgang von Bamberg-Ost verankert wie das Läuten der Heinrichskirche. Als die Warner Barracks 2014 – nach über 69 Jahren Standort der US-Streitkräfte – verlassen wurden, war endgültig Zapfenstreich.

Seit einigen Jahren wird auf dem riesigen Areal der alten Lagarde-Kaserne umfangreich gebaut. Ein digitales Gründerzentrum und ein Ausbildungsstandort der Bundespolizei sind eingezogen, ebenso die Zentralstelle Cybercrime Bayern (ZCB). Es entsteht ein modernes Quartier mit Mietwohnungen für über 2.000 Menschen. Nur die historische Reithalle mitten auf dem Gelände trotzt allem Wandel. In ein paar Jahren soll der denkmalgeschützte Bau zum Kulturort werden.

Adresse John-F.-Kennedy-Boulevard (geht von der Weißenburgstraße ab), 96052 Bamberg | **ÖPNV** Stadtbus 901, Haltestelle Lagarde Kaserne | **Tipp** Sportliche Herausforderungen bieten die vielen Joggingstrecken durch den Hauptsmoorwald, zum Beispiel der Trimm-dich-Pfad ab Parkplatz Armeestraße (Pödeldorfer Straße am Stadtrand rechts ab).

70 Die Sanddünen

Im Hauptsmoorwald – Kiefern, Hochmoor und Dünen

Arg hat die Stadt ihrem ehedem stattlichen Hauptsmoorwald zugesetzt. Einstmals sickerte dessen schwarzes Wasser bis vor die Tore der Altstadt. Doch ein gieriger Stadtrand fraß sich immer weiter in den alten Wald hinein. Schließlich schlug die A 73 eine breite Schneise mitten hindurch.

Spaziert man auf den kleinen Pfaden bei der Kunigundenruh durch den Hauptsmoorwald, wandert man über eine Sanddüne. Winde der letzten Eiszeit warfen den über zwei Kilometer langen Dünenzug auf. Das sandige Relief des Waldes erhebt sich meist ein bis vier Meter, stellenweise bis zu acht Meter hoch. Auf dem Sand wie auch in den sumpfigen Niederungen fühlt sich vor allem die genügsame Waldkiefer, *Pinus sylvestris*, wohl – der Hauptsmoorwald ist für seinen Kiefernbestand berühmt. Die bis zu 250 Jahre alten Bäume erreichen selbst für Föhren-Verhältnisse eine überragende Höhe von bis zu 36 Metern. Sie sind der Rohstoff einer langen forstwirtschaftlichen Tradition. Einstmals wurden sie geschlagen, um von Bamberger Flößern über Main und Rhein bis nach Holland geliefert zu werden. In den Niederlanden waren die kerzengeraden Stämme aus qualitativ hochwertigem Holz als Schiffsmasten ebenso beliebt wie als Flügel für die berühmten holländischen Windmühlen.

Der Hauptsmoorwald ist zwar heute noch ein Nutzwald, doch blitzt zwischen Kiefern- und Buchenbestand vielerorts ein Naturjuwel auf. Bei der Kunigundenruh etwa oder in der Sendelbachau. Der Sendelbach entspringt nördlich von Geisfeld und schlängelt sich gemächlich zur Regnitz hinab. An seine Seite gesellen sich malerisch ein sumpfiger, lichter Auwald und binsenbestandene Feuchtwiesen. Ein urtümlicher Fleck Hochmoor im Nutzwald, im Sommer von einem munteren Froschkonzert gefeiert. Kleine Biotope, die meist von ambitionierten Mountainbikern und durstigen Wanderern auf der Suche nach dem nächsten Bierkeller übersehen werden.

Adresse 96050 Bamberg | ÖPNV Regionalbus 970, Haltestelle Kunigundenruh | Anfahrt Kunigundenruh: Straße nach Pödeldorf, Wanderparkplatz beim Schützenhaus Kunigundenruh; Sendelbachau: auf der Straße nach Geisfeld, vom ersten Wanderparkplatz nach der Autobahn etwa fünf Minuten zu Fuß, bei Weggabelung rechts halten | Tipp Am Radweg ein Stück westlich vom Schützenhaus stehen die beiden eleganten barocken Kunigundenmartern. Daneben liegt der Kunigundenruhstein, ehedem Rastplatz der Litzendorfer Bauern auf dem Weg zum Bamberger Markt. Von hier soll Kunigunde ihren Ring gegen eine der Glocken des Bamberger Doms geworfen haben, die seither ein kleines Loch ziert. Ein formidabler Wurf, möchte man meinen.

71_Der Schachtisch

In Bambergs schönstem Kaffeehaus

Als Schachcafé und Clublokal des Bamberger Schachclubs SC 1868 war das Café Müller in den 1960er und 1970er Jahren bekannt. In den erfolgreichen Zeiten um die Großmeister Lothar Schmid und Dr. Helmut Pfleger wurde der Club 1966, 1976 und 1977 deutscher Mannschaftsmeister. Schmid und Pfleger nahmen mehrfach an Schacholympiaden teil, 1964 erreichten sie in Tel Aviv den dritten Platz. Bei der Schacholympiade in Nizza 1974 waren mit Schmid, Pfleger und Hans-Günter Kestler gleich drei Bamberger im sechsköpfigen Nationalteam dabei, 1983/84 feierte der Verein den Mannschaftspokalsieg. Der Schachtisch im Café Müller – mit etwas Patina und schon ein wenig angeschlagen, beim Hereinkommen auf der linken Seite – erinnert an die großen Zeiten des Schachclubs.

Das wahrscheinlich schönste Café der Stadt ist eine gelungene Melange aus Eleganz und Lässigkeit, ein Ort, an dem man im kleinen Schwarzen oder Anzug genauso wenig auffällt wie in Jogginghose oder Blaumann zu einem schnellen Stehkaffee. Und ein bisschen darf man sich im Café Müller auch wie im echten Wiener Kaffeehaus fühlen. Die Lage über Eck, Spiegel und Holzvertäfelung, Thonet-Stühle, Piano, Kuchenvitrine und eben der Schachtisch sind so typisch Kaffeehaus, typischer geht es gar nicht. Auch die breit gefächerte Selektion aus dem heimischen Blätterwald, stilecht im Zeitungshalter, macht den Aufenthalt überaus angenehm. Und wer Spezielleres sucht, geht durch den schmalen Durchgang in den angeschlossenen Tabak- und Zeitschriftenladen. Im Café Müller lässt es sich stundenlang aushalten.

Im Café in der Austraße, das es schon seit 1910 gibt, findet sich Tag für Tag eine bunte Mischung aus Studierenden und Lokalprominenz, Touristen und jungen Müttern respektive Vätern, konzentrierten Zeitungslesern und geselligen Tresenstehern ein. Und manche finden auch Zeit und Gegner für die eine oder andere Partie Schach.

Adresse Austraße 23, 96047 Bamberg, Tel. 0951/202943, cafe-mueller-bamberg.de | ÖPNV Stadtbus 904, 906, 910, Haltestelle Am Kranen und die Hasengasse hinauf | Öffnungszeiten 9–23 Uhr | Tipp Das Comixart gleich neben dem Café Müller gehört zu den besten Comic-Läden Frankens – vom Manga bis zur Graphic Novel hervorragend sortiert.

72 Der Schimmel

»Und siehe, ein weißes Pferd …«

Alle Aufmerksamkeit gilt dem rätselhaften Reiter, dem hübschesten Jüngling im Bamberger Dom. Doch was wäre der berühmte Bamberger Reiter ohne sein Pferd? Und es ist ein überaus elegantes Tier, das Ruhe und Standhaftigkeit ausstrahlt und doch in der Hinterhand Bewegung und Leichtigkeit in sich trägt. Auch verrät das Pferd mehr, als heute augenscheinlich ist, denn Ross und Reiter, die um 1230 aus mehreren Sandsteinblöcken gehauen wurden, waren ursprünglich bunt angemalt, was winzige Farbreste belegen. Das Zaumzeug war vergoldet, die Mähne schwarz, das Fell weiß mit dunklen Flecken. Es handelt sich also um einen Apfel- oder Grauschimmel in seinen besten Jahren – und das ist mehr als ein hippologisches Detail: Nicht nur, dass das Tier für einen mutmaßlich effektvollen Kontrast sorgte zum Orange-Rot des goldgesäumten Tasselmantels, den der Reiter (dunkles Haar, rote Lippen, gesunder Teint) lässig mit der rechten Hand an der Schnur hält. Ein Schimmel ist auch eines Königs würdig und kann mit einem edlen Reiter zum Symbol für das Gute verschmelzen.

Wen aber trägt der elegante Schimmel? Theorien, nichts als Theorien. Die gängigste lautet: der heilige Stephan, König von Ungarn und Schwager Heinrichs. Er soll einmal in heidnischem Unwissen mit dem Pferd in den Dom geritten sein. Aber ein König ohne Schwert? Ähnlich problematisch sind andere personenbezogene Identifikationsversuche. Naheliegend: Heinrich selbst, ist schließlich sein Dom. Aber: falsche Krone. Außerdem ist der Jüngling glattwangig, der Kaiser aber war Bartträger. Philipp von Schwaben? Er wurde (unbewaffnet!) in Bamberg ermordet und ursprünglich im Dom bestattet (zudem bedeutet der aus dem Griechischen stammende Name »Pferdefreund«). Eine weitere Theorie erkennt den Messias selbst, unter Verweis auf die Offenbarung (19,11–16): »Und siehe, ein weißes Pferd … ein Gewand, das mit Blut getränkt war … der König aller Könige …«

Adresse Domplatz, 96049 Bamberg | ÖPNV Stadtbus 910, Haltestelle Domplatz | Öffnungszeiten April–Okt. Mo–Mi 9–18 Uhr, Do/Fr 9.30–18 Uhr, Sa 9–11.30 und 13–16.30 Uhr, So ab 13 Uhr; Nov.–März bis 17 Uhr | Tipp In unmittelbarer Nähe zum Reiter steht das Kaisergrab von Tilman Riemenschneider. Auf der marmornen Deckplatte sind ruhend Heinrich und Kunigunde dargestellt, fünf kunstvolle Reliefs zeigen Szenen aus dem Leben der Heiligen, darunter die Pflugscharprobe (siehe Ort 75).

73__Die Schleuse 100

Erinnerung an einen alten Wasserweg

Berliner Flughafen? Elbphilharmonie? Kettenbrücke? Kostendesaster gab's schon immer. 8,5 Millionen Gulden wurden im 19. Jahrhundert für eine Großbaustelle veranschlagt, die letztendlich mehr als das Doppelte verschlingen sollte. Als aber 1843 die erste Teilstrecke von Bamberg nach Nürnberg eröffnet wurde, war allen klar, hier entsteht Großes: der Ludwig-Donau-Main-Kanal.

Das Projekt hatte Tradition. Bereits Ende des 8. Jahrhunderts war unter Frankenkönig Karl, später der Große, ein Kanal in Angriff genommen worden, die Fossa Carolina. Über 1.000 Jahre später wurde unter dem bayerischen König Ludwig gegraben. Nach zehnjähriger Bauzeit öffnete 1846 die Wasserstraße, die Rhein und Main mit der Donau verband (mithin die Nordsee mit dem Schwarzen Meer), ihre Tore, also Schleusen. Knapp 173 Kilometer hatte der Kanal zurückzulegen, 183 Höhenmeter nach Burgthann hinauf und etwa 80 Meter wieder hinab zur Donau zu klettern, um die Europäische Wasserscheide zu überwinden. Dafür wurden 100 Kammerschleusen angelegt. Den Schleusenwärtern, zuständig für die Wartung der Anlage, die Instandhaltung der Treidelpfade, das Eisschlagen und Rasenmähen, wurden kleine Häuschen an den Kanal gebaut. Doch der Fortschritt holte den Wasserweg bald ein. Die Eisenbahn machte dem Ludwigskanal arg Konkurrenz. 1950 wurde er stillgelegt, ab 1960 entstand der neue Main-Donau-Kanal, der Frankenschnellweg (A 73) gab dem alten Kanal den Rest.

In Bamberg haben sich sehenswerte Kanalfragmente erhalten. Am Bughof steht das Schleusenwärterhäuschen der Schleuse 99. Vor allem aber ist die Schleuse 100 – der Kanal führt in seinem letzten Teilstück über den linken Regnitzarm und in den Nonnengraben – vollständig erhalten und öffnet sich bis heute für Sportboote. Das malerische Schleusenwärterhäuschen steht nebenan. Einen Wärter gibt es zwar nicht mehr, doch die Schleuse funktioniert noch immer.

Adresse Mühlwörth, 96047 Bamberg | **ÖPNV** Stadtbus 901, 908, 910, Haltestelle Schillerplatz oder Schranne | **Tipp** Auf der anderen Flussseite, bei der Oberen Mühlbrücke, liegt das Klosterbräu, das als die älteste noch bestehende Brauerei Bambergs gilt (Obere Mühlbrücke 1–3, 96049 Bamberg, klosterbraeu.de).

74 Der Schwarznussbaum

Ein städtisches Idyll

Gut, Bamberg ist dann doch nicht Rom. Es fehlen halt knapp 2.000 Jahre, vielleicht auch ein bisschen Sonne, ganz zu schweigen von der Antike … Dennoch: Auch auf dem Grünen Markt kann es zugehen wie auf dem Campo de' Fiori. Zwar hat sich unseres Wissens noch keine Anita Ekberg an den Gabelmann geschmiegt, aber regelmäßig herrscht an Bambergs altehrwürdigem Treffpunkt ein Gedränge wie am Trevibrunnen. Und wenn sich aus der stetig wachsenden Masse sommerlicher Bamberg-Pilger ein Schirm in die Höhe streckt, geht man besser in Deckung, um nicht als Kollateralschaden auf der kopfsteingepflasterten Strecke zu bleiben.

Aber es gibt da einen Ort mitten in der Stadt, versteckt hinter den barocken Fassaden der Universitätskirche St. Martin am rummeligen Grünen Markt, zwischen dem weiten Maxplatz und der pulsierenden Austraße – da herrscht paradiesische Ruhe: der Innenhof des ehemaligen Jesuitenkollegs, das an den Kirchturm von St. Martin anschließt.

In der städtischen Oase beschattet ein stattlicher Schwarznussbaum eine gepflegte kleine Grünanlage. Hecken begrenzen einen schmalen Weg durch den Hof und bilden mit gemütlichen Sitzgruppen kleine urbane Erholungsnischen. Bei der Schwarznuss – *Juglans nigra*, so viel botanische Exaktheit ist angesichts des benachbarten Naturhistorischen Museums wohl angebracht – handelt es sich um einen nordamerikanischen Walnussbaum, dessen Alter vermuten lässt, dass er bereits unter den Jesuiten gesetzt wurde.

Lediglich ein paar Uni-Angestellte und Studenten verirren sich in dieses kleine innerstädtische Idyll. Bei der Fakultät, die im ehemaligen Jesuitenkolleg residiert, handelt es sich allerdings um die katholische Theologie, deren Studentenschaft in der Regel nicht durch Ausschweifungen von sich reden macht. Ein idealer Ort zum Atemholen, bevor es weitergeht – zur nächsten Weltkulturerbe-Sensation.

Adresse ehemaliges Jesuitenkolleg, Eingang Naturkundemuseum, Fleischstraße 2, oder Eingang Pfarramt St. Martin, Jesuitenstraße, Ecke Austraße / An der Universität, 96047 Bamberg | ÖPNV zu Fuß etwa 5 Minuten vom ZOB, entweder über den Maxplatz in die Fleischstraße oder über Gabelmann und Austraße | Öffnungszeiten tagsüber geöffnet | Tipp Eine Illusion von Höhe erzeugt die Scheinkuppel in St. Martin, der von den Dientzenhofer-Brüdern erbauten Barockkirche des ehemaligen Jesuitenkollegs am Grünen Markt.

75 Das Sonnenloch

Kunigundes schützender Schleier

Die kleine Öffnung am Ostchor des Doms hat Bamberg vor Schlimmerem bewahrt. Denn von hier aus breitete die heilige Kunigunde ihren Schutzmantel über der Stadt aus, zuletzt im Zweiten Weltkrieg, als er sich in eine dichte Nebeldecke verwandelte und Bamberg vor zahlreichen Abwürfen alliierter Fliegerbomben verschonte – wenngleich nicht vor allen (siehe Ort 7). Zu dieser Legende passt, dass zwischen all den herumliegenden Trümmern auf der Unteren Brücke die so würdevoll strahlende Kunigundenstatue wie durch ein Wunder unversehrt blieb.

Über die ursprüngliche Bedeutung des Sonnenlochs scheiden sich die Geister. Als relativ gesichert gilt, dass sich hier in der mittleren Wandnische des Ostchors (Georgenchor) schon bald nach der Heiligsprechung Kunigundes im Jahr 1200 ein Reliquienschrank mit dem Schädel der Stadtheiligen befand, der eine Öffnung nach außen – eben das Sonnenloch – hatte. Man geht jedoch davon aus, dass das Loch nicht eigens für die Reliquie gebaut wurde, sondern auf einen viel älteren, frühchristlichen Brauch zurückgeht. Demnach sollte durch dieses Loch genau am Morgen des 29. Juni (Peter und Paul) das Sonnenlicht auf den Hauptaltar des dem heiligen Petrus geweihten Westchors fallen. Nachprüfen kann man das nicht mehr, das Sonnenloch wurde in den 1830er Jahren zugemauert. Die Schädelreliquie befindet sich heute seitlich des Westchors.

Die Stadtheilige wird in Bamberg jedenfalls heiß geliebt, und Kunigunde war noch bis weit ins 20. Jahrhundert einer der beliebtesten Vornamen für Mädchen. Legendär ist ihre Tugendhaftigkeit, den Vorwurf des Ehebruchs konnte sie durch ihren Gang über glühende Pflugscharen widerlegen, und nach Kaiser Heinrichs Tod im Jahr 1024 tat sie, was eine Kaiserin an ihrer Stelle tun musste: Sie ging ins Kloster. Heute ruht sie an der Seite ihres Gatten im berühmten Kaisergrab von Tilman Riemenschneider am Aufgang zum Ostchor.

Adresse Domplatz, 96049 Bamberg | ÖPNV Stadtbus 910, Haltestelle Domplatz | Tipp Die Nagelkapelle im Dom ist ein Raum der Stille und Andacht, in dem eine der bedeutendsten Reliquien der katholischen Kirche aufbewahrt wird: ein Nagel vom Kreuz Jesu.

76 Der Sortengarten

Urban Gardening

Ein lebendiges Museum, stets wachsender Bestand, blühende Kultur, alte Tradition und so weiter … Normalerweise bemüht man einen derartigen Bilderreigen, um museale Einrichtungen minderer Reichweite zu würdigen. Im Gärtner- und Häckermuseum aber wird aus der blumigen Sprache präzise Beschreibung. Denn als ein zentrales Exponat dieses bemerkenswerten Museums, das sich Bambergs Gärtner- und Häckertradition widmet, blüht hinter dem »normalen« Hausgarten der Bamberger Sortengarten.

Prächtig und bunt stehen lokale Kräuter- und Gemüsesorten in von wildem Blumensaum umgebenen Beeten. Ein grünes Erbe. Natürlich wächst auch Gemüse, für das die Bamberger Gärtner einst berühmt waren: der Bamberger Spitzwirsing (sprich: Wirsching) zum Beispiel, die Schwarzwurzel (auf Bambergerisch: Schdadsinäri), Bamberger Knoblauch oder auch die Bamberger birnenförmige Zwiebel. Der Zwiebelanbau brachte den Bamberger Gärtnern den Spitznamen »Zwiebeltreter« ein – vom Hinuntertreten der herauswachsenden Zwiebelspitzen, damit diese ihr Wachstum komplett unter der Erde fortführen. Nicht zu vergessen: das Bamberger Hörnla, diese kleinwüchsige, köstliche Kartoffelspezialität, von Küchenhilfen verflucht, von Gourmets geliebt. Überhaupt sind die Bamberger Lokalsorten beliebter Rohstoff in der gehobenen Küche – und natürlich auf den heimischen Herden der Stadt.

Der Handel mit Bamberger Saatgut, den sogenannten »Haussorten«, war über die Jahrhunderte ein bedeutender Wirtschaftszweig, nach ganz Europa wurden die Sämereien geliefert. So manche dieser Köstlichkeiten wäre längst ausgestorben und verschollen, würden die Bamberger Gärtner – und mit ihnen der Verein Bamberger Sortengarten – sich nicht um das alte Saatgut kümmern. Sehr zur Freude der Hobbygärtner, denn das samenfeste (also mit den gleichen Eigenschaften reproduzierbare) Saatgut wird im Gärtner- und Häckermuseum auch verkauft.

Adresse Gärtner- und Häckermuseum, Mittelstraße 34, 96052 Bamberg, ghm-bamberg.de | ÖPNV Stadtbus 901, 902, 907, 911, Haltestelle Luitpoldstraße | Öffnungszeiten Mitte/Ende April–Anfang Nov. Di–So 11–17 Uhr | Tipp Kein Gemüse, aber eine riesige Auswahl an Stauden für die heimische Blumenwiese gibt es im Bamberger Staudengarten, auch einige Kräuter für den Hausgebrauch (Gundelsheimer Straße 80, 96052 Bamberg, bamberger-staudengarten.de).

77__Das Spezial

Rauchbier seit 1536

Die Brauerei Spezial ist nahezu so alt wie das Reinheitsgebot. Seit bald 500 Jahren wird in dem traditionsreichen Anwesen hinter der altfränkischen Fachwerkfassade Rauchbier gebraut und ausgeschenkt. Das Rauchbier, vor allem das Lager, gehört zweifellos zu den besten Bieren der Welthauptstadt des Biers. Die Farbe von dunklem Bernstein, mit einer sanft rauchigen Note, deutlich weniger Wucht als anderes Rauchbiergut, völlig unaufdringlich, eher mild, harmonisch würzig und herrlich süffig.

Modische Marketing-Schlagworte wie Manufaktur und Regionalität sind in der alten Brauerei zwar nicht fehl am Platz, aber völlig überflüssig. Das Bierbrauen war im Spezial stets traditionelles Handwerk und ist es bis heute. Die Rohstoffe stammen ausschließlich von regionalen Produzenten, das Wasser aus dem eigenen Brunnen. Die Kapazitäten sind ob der historischen Bausubstanz beschränkt, die Brauanlage zentimetergenau in das alte Gemäuer eingepasst. Und das charakteristisch rauchige Malz wird in einem jahrhundertealten Verfahren in der hauseigenen Mälzerei gedarrt.

Etwa einmal pro Woche wird im Winterhalbjahr die Mälzerei per Hand befeuert. Circa 23 Stunden dauert die Darre, bei der rund fünf Tonnen gekeimte Gerste im Rauch großer Buchenscheite zu Rauchmalz getrocknet werden. Dieses traditionelle Verfahren ist zwar überaus aufwendig, garantiert jedoch den einzigartigen Charakter des Rauchbiers. Schließlich werden beim Brauen bis zu 90 Prozent des hauseigenen Rauchmalzes verwendet. Zur Abrundung werden Spezialmalze aus der Bamberger Mälzerei verwertet. Gerade einmal 5.000 bis 6.000 Hektoliter werden im Jahr gebraut. Ausgeliefert wird das Spezialbräu-Rauchbier lediglich in der näheren Umgebung. Doch am besten schmeckt es ohnehin im traditionsreichen Brauereigasthof. Oder im idyllischen Innenhof, von dem aus man einen Blick in das Sudhaus mit seinen kupfernen Kesseln werfen kann.

Adresse Obere Königstraße 10, 96052 Bamberg, brauerei-spezial.de | ÖPNV Stadtbus 901, 902, 907, 911, Haltestelle Luitpoldstraße | Öffnungszeiten Mo–Fr 9–22.30 Uhr, Sa 9–14 Uhr, So 9–21 Uhr | Tipp Zahllose, auch hausgemachte Köstlichkeiten führt das Feinkostgeschäft Delikatessen Müller in der Oberen Königstraße 28, über die Stadtgrenzen hinaus als Käsmüller bekannt. Die Käseabteilung ist herausragend.

78 Der Spiegelsaal

Bayerns Verfassung

In Paragraf 1, Absatz 2 der Verfassungsurkunde des Freistaats Bayern heißt es: »Die Landesfarben sind Weiß und Blau.« Mag sein. Die Wiege der Verfassung aber ist rot und weiß. Bayerns erste Verfassung wurde in Bamberg beraten und beschlossen.

München, Anfang 1919. Der Krieg war verloren, die Novemberrevolution hatte den König vor die Tür gesetzt. Bayern ist ein Freistaat, sein erster Ministerpräsident der Sozialdemokrat Kurt Eisner. Demokratische Wahlen werden abgehalten. Auf dem Weg zum ersten frei gewählten Parlament Bayerns wird Eisner von einem völkisch-nationalen Studenten ermordet. In der Folge wird es unruhig in München. Es kommt zu blutigen, bürgerkriegsähnlichen Kämpfen zwischen Verfechtern eines Rätesystems und Anhängern einer parlamentarischen Demokratie. Sicherheitshalber flieht der Landtag aus der Landeshauptstadt. Bamberg hatte sich bereits als Austragungsort der Nationalversammlung ins Gespräch gebracht, entscheidender Standortvorteil: politische Ruhe. In Bamberg wurden die Krummstäbe poliert, nicht Hammer und Sichel geschwungen. Doch den Zuschlag erhielt bekanntlich Weimar. Als der bayerische Landtag ein neues Domizil suchte, war Bamberg zur Stelle. Ab dem 12. April 1919 tagten Ministerpräsident (und bayerischer Außenminister!) Johannes Hoffmann, seine Regierung und der bayerische Landtag zunächst in der Neuen Residenz, dann im Spiegelsaal der Harmonie. Dort verabschiedete der Landtag am 12. August 1919 die erste demokratische Verfassung Bayerns, die Bamberger Verfassung.

Man kann das Ergebnis gar nicht hoch genug schätzen (lassen wir einmal die Landesfarben außen vor): Die Macht geht vom Volke aus. Frauenwahlrecht, Religionsfreiheit und, nicht zu vergessen, Paragraf 15 (1): »Alle Bayern sind vor dem Gesetz gleich.« Die Bamberger Verfassung galt bis zur »Gleichschaltung«, 1946 war sie die Vorlage für die Verfassung des Freistaats Bayern.

Adresse Schillerplatz 7, 96047 Bamberg | **ÖPNV** Stadtbus 901, 908, 910, Haltestelle Schillerplatz | **Öffnungszeiten** Der Spiegelsaal ist für Veranstaltungen buchbar und im Zuge von öffentlichen Veranstaltungen zugänglich. Eine Plakette an der Außenfassade erinnert an Bayerns Verfassung. | **Tipp** Neben den Harmonie-Sälen befindet sich das Theater der Stadt Bamberg. Die Spielstätte besteht mit Unterbrechungen seit 1802 und heißt heute, einem ehemaligen leitenden Angestellten zu Ehren, E.T.A.-Hoffmann-Theater (theater.bamberg.de).

79_Der Stall

In der Alten Hofhaltung

Ein Pferdestall im Museum. Nicht im Freilandmuseum oder als Räumlichkeit lokaler Heimatstuben, sondern als Ausstellungsraum des Historischen Museums der Stadt Bamberg in der Alten Hofhaltung. Auf der Burg der streitlustigen Babenberger errichtete Heinrich II. neben seinem Dom eine Kaiserpfalz, die nach Gründung des Bistums Bamberg 1007 auch als Bischofssitz diente. Jahrhunderte haben an diesem grandiosen Bauwerk mitgebaut. Es wurde epochenübergreifend um- und über-, aus- und angebaut: von der Thomas-Kapelle, die noch aus Heinrichs Zeit stammt, bis zum prachtvollen Renaissancetrakt. Ihre heutige Ausdehnung erhielt die Alte Hofhaltung in der Spätgotik – wie auch ihre malerische Gestalt im Hof mit dem altfränkischen Fachwerk und den hölzernen Galerien.

Entstanden ist nicht nur ein einzigartiger, vielgestaltiger, repräsentabler Bischofssitz (damals) respektive ein pittoresker Gebäudekomplex (heute), sondern natürlich auch eine funktionale Residenz. Im Nordwestflügel war das Wagenhaus untergebracht, unter dem Dach des Südwesttrakts der Getreideboden, im Südflügel der Küchentrakt mit »Brätstätte«, »Speiskeller« und Backstube und unter dem Nordflügel Wein- und Bierkeller. Mancherorts ist die ursprüngliche Funktion der Wirtschaftsgebäude noch sichtbar, beispielsweise bei der alten Schmiede im Hof. Und bei einem Besuch des Historischen Museums gelangt man auch in die ehedem komfortable Fürstenküche mit direktem Zugang zu Wasser – dank des über zwölf Meter tiefen Brunnens.

Und schließlich: der Stall im Museum. Man hat den Eindruck, als wären die Pferde nur eben auf der Weide und der Stallbursche käme nach dem Auskehren jeden Moment mit frischem Stroh und Hafer herein. Doch die hölzernen Pferdeboxen sind heute das einmalige Ambiente für wechselnde Ausstellungen, zur Weihnachtszeit findet manchmal stimmigerweise auch eine Krippenausstellung statt.

Adresse Alte Hofhaltung, Domplatz 7, 96049 Bamberg | ÖPNV Stadtbus 910, Haltestelle Domplatz | Öffnungszeiten Ostern–Ende Nov. Di–So 10–17 Uhr, Ende Nov.–Ostern nur zu Sonderausstellungen | Tipp Wer die Alte Hofhaltung betritt, tut das durch das »Reiche Tor«, auch »Schöne Pforte« genannt: Das prachtvolle Renaissanceportal von Pankraz Wagner stammt aus dem Jahr 1573.

80 Die Statue des Staufers

Der vergessene König

Auf dem Weg vom Grünen Markt zum Maximiliansplatz reihen sich drei Brunnen, deren Statuen zu Bamberg gehören wie Dom und Bier. Eine Brunnenachse mit dem Who's who des kollektiven Stadtgedächtnisses. Angefangen mit dem Gabelmann – für Generationen der naturgegebene Treffpunkt der Stadt –, eigentlich ein stattlicher Neptun, dessen vergoldeten Dreizack der pragmatische Volksmund auf eine Gabel reduziert. Mitten am Grünen Markt hockt die Humsera, eine steinerne Marktfrau mit dem typischen Kopftuch, grimmigem Blick und der Überlieferung nach recht losem Mundwerk.

Schließlich der Maximiliansbrunnen. Würdevoll auf das vorbeiflanierende Volk herabblickend, gefällt es dem bayerischen König, sich mit Bambergs Heiligen zu umgeben: Heinrich steht links, stolz seinen Dom präsentierend (allerdings den falschen, der Heinrichsdom hatte noch keine vier Türme, aber sei's drum …), daneben die heilige Kunigunde mit überaus elegant-gütiger Geste, dahinter Otto von Bamberg, ebenfalls heilig, achter Bischof von Bamberg und furchtloser Pommernapostel. Nur die vierte Figur am Maximiliansbrunnen fällt ein wenig heraus aus dieser illustren Runde: König Konrad III.

Dabei verbindet den ersten Staufer auf dem römisch-deutschen Königsthron viel mit Bamberg. Nach seiner nicht ganz unproblematischen Wahl zum König hielt er zu Pfingsten 1138 in Bamberg einen Hoftag ab, auf dem er seinen Anspruch auf die Königswürde weitgehend durchsetzte. Mehrere Male kam der weit gereiste König nach Bamberg, zuletzt 1152. Von einem Kreuzzug ins Heilige Land war der Onkel Friedrich I. Barbarossas schwer erkrankt zurückgekehrt, wahrscheinlich an Malaria. Am 15. Februar 1152 starb er in Bamberg. In der Ostkrypta des Bamberger Doms liegt er begraben. Ein wenig im Schatten von Kaiser und Heiligen fand auch der erste Stauferkönig seine letzte Ruhe in Bamberg, die Statue am Maximiliansbrunnen erinnert an ihn.

Adresse Maximiliansplatz, 96047 Bamberg | ÖPNV zwei Minuten zu Fuß vom ZOB | Tipp Im kleinen Brotladen in der Fleischstraße 3, gleich ums Eck vom Maxplatz, gibt es köstliche Brote von regionalen Bäckern und fränkische Wurstwaren (Mo–Do 10–16 Uhr, Fr 10–18 Uhr, Sa 9–13 Uhr).

81 Die Stengelallee

Naherholung als Bestechungsversuch

Als Bayern im Jahr 1803 in seiner heutigen Form entstand, als ein selbst gekrönter französischer Kaiser mit keckem Strich das alte Römische Reich zerteilte und neu wieder zusammensetzte, fanden sich die Franken nicht freiwillig unter der Herrschaft der Wittelsbacher wieder. Die Bischofsstadt Bamberg verstand sich einstmals als das Zentrum des bekannten Erdkreises, nunmehr waren die Franken lediglich der zweite Stamm Bayerns. Aussichten so attraktiv wie der Fachterminus »Reichsdeputationshauptschluss«. Um sich als Landesherr in der Domstadt ein wenig beliebter zu machen, verfügte der spätere bayerische König Maximilian I. Joseph, dass den Bamberger Bürgern ein Landschaftspark in der Art des Englischen Gartens gebaut werde. Also wurde der Auwald auf dem Mühlwörth zu einem Bürgerpark – oder wie man heute sagen würde: Naherholungsgebiet – umgestaltet. Zunächst entstand der später Theresienhain genannte Teil des Parks, der ab 1825 um den Luisenhain bis zur Buger Spitze erweitert wurde.

»Bauherr« des Naherholungsgebietes war der etwas in Vergessenheit geratene Freiherr Stephan von Stengel, seinerzeit Verwalter des ehemaligen Hochstifts und Leiter der kurfürstlichen Landesdirektion. Er gab die Umgestaltung des Auwaldes in Auftrag. Auf dem Damm zwischen linkem Regnitzarm und Hollergraben ließ er einen Weg samt Lindenallee anlegen – die heutige Stengelallee zwischen Walkspund und Hainbad.

Der Bamberger Hain ist einer der ältesten und schönsten Parks des Landes. Zauberhaft umschlossen von Regnitzarmen, mit lichtem Laubwald bestanden, dazwischen grüne Wiesen und ein üppig blühender botanischer Garten samt malerischem Teich. Elegante Tempelchen und Pavillons schmücken den herrlichen Landschaftspark, Hainbad und Bootshaus sowie ein Denkmal für einen sprechenden Hund (siehe Ort 15) – und eines für einen baufreudigen Wittelsbacher: den bayerischen König Ludwig II.

Adresse zwischen Mühlwörth und Hainbad, 96047 Bamberg | ÖPNV Stadtbus 909, Haltestelle Ottoheim und rechts in die Ottostraße einbiegen; Luisenhain: Stadtbus 909, Haltestelle Wilhelm-Löhe-Heim; Buger Spitze: Stadtbus 918, Haltestelle Rodelbahn | Öffnungszeiten zugänglich | Tipp Eine erste Version der »Carmina Burana« entstand nur einen Steinwurf entfernt in der Hainstraße 30. Dort tüftelte Carl Orff 1934 gemeinsam mit dem Staatsarchivrat Michel Hoffmann am Text seines berühmtesten Werkes.

82 Das Stollenlabyrinth

Bamberg von unten

Unscheinbar ist der Eingang zu Bambergs Unterwelt am Stephansberg: eine robuste Eisentür, wie man sie von Trafohäuschen kennt, durch ein schmuckloses Schild als Eingangstür zum Stollen gekennzeichnet. Steile Stufen führen tief in das Stollenlabyrinth unter dem Stephansberg – hinunter in die zu jeder Jahreszeit gleichbleibend frischen acht Grad Celsius. Der ideale Kühlschrank für das gute Bamberger Bier.

Die ersten Löcher wurden bereits im Mittelalter in den Sandstein, auf dem Bamberg gebaut ist, gegraben. Anfangs geschah das zur Rohstoffgewinnung, denn der weiche, weiße und feinkörnige Fegsand war ein beliebtes Putzmittel: Sand in die Stube und auf die Dielen gestreut, dann den ganzen Tag darauf rumgetrampelt und abends wieder rausgekehrt, sauber war das mittelalterliche Eigenheim. Zum Hausbau selbst war das bröselnde Gestein allerdings ungeeignet. Im großen Stil zu graben begann man mit dem Aufstieg Bambergs zur Bierstadt, nun zur Kellerraumgewinnung. Der Bedarf an Lager- und Kühlstätten für die unzähligen Bierfässer stieg sprunghaft an. Dutzende von Brauereien gruben neue Keller, in denen die untergärigen Biere nicht nur erfrischend temperiert wurden, sondern auch dank der niedrigen Temperaturen zur Vollendung goren. Sechs der sieben Hügel Bambergs sind weit verzweigt unterkellert. Man weiß von zwölf Kilometern Stollen. Wie hoch die Dunkelziffer (im wahrsten Sinne des Wortes) an Stollenkilometern unbekannter Gänge ist, weiß niemand.

Während des Zweiten Weltkrieges wurden die Stollen einer neuen Bestimmung zugeführt. Sie dienten als Luftschutzkeller. Die Keller und Stollen wurden erweitert, verzweigt und miteinander verbunden und damit das Labyrinth geschaffen, das sich bis heute unter dem Berggebiet erstreckt. Eine unterhaltsame Führung (mit Helm und Taschenlampe) bietet interessante Einblicke in die weit verzweigte Bamberger Unterwelt.

Adresse Sternwartstraße 1/3, beim E.T.A.-Hoffmann-Gymnasium, 96049 Bamberg | ÖPNV Stadtbus 901, 908, 912, Haltestelle Schulplatz und durch die Untere Seelgasse zum Oberen Stephansberg, rechts in die Sternwartstraße | Öffnungszeiten über die VHS können Führungen, auch relativ kurzfristig, gebucht werden, Termine (zuletzt immer Freitag 18 Uhr) und Buchung: vhs-bamberg.de oder Tel. 0951/871108 | Tipp Gegenüber dem Eingang in die Unterwelt führt ein Fußweg hinauf zum Spezi-Keller (siehe Ort 26). Überaus beliebt ist auch der Wilde-Rose-Keller (Oberer Stephansberg 49). Herrlich sitzt man unter schattigen Bäumen, lauscht einem Konzert im Musikpavillon und genießt das ausgezeichnete hausgebraute Kellerbier – frisch gezapft und kellerkühl.

83 Der Synagogenplatz

Gedenke meines Elends und meiner Verfolgung

Als am 11. September 1910 die prächtige Bamberger Synagoge in der Herzog-Max-Straße geweiht wurde, war das ein gesellschaftliches Ereignis von Rang, über die Konfessionsgrenzen hinweg und begleitet von einer Festrede des Oberbürgermeisters. Der Bau des 37 Meter hohen Gebäudes mit kostbarer Innenausstattung stellte damals einen Meilenstein für die israelitische Kultusgemeinde in Bamberg dar. Wohlwollend berichteten die Zeitungen über die Feierlichkeiten, von Einigkeit und Wertschätzung war die Rede. In der Nacht vom 9. auf den 10. November 1938 wurde die Synagoge von der SA niedergebrannt, die Überreste im März 1939 gesprengt. Prominentestes Opfer der Bamberger Reichspogromnacht war der Kommerzienrat Willy Lessing (siehe Ort 91).

Eine erste jüdische Gemeinde gab es in Bamberg schon im 12. Jahrhundert, damals in der Gegend um das Pfahlplätzchen und um die heutige Judenstraße, später dann in der Keßlerstraße/Hellergasse. Seit dem 16. Jahrhundert lebten zahlreiche Bamberger jüdischen Glaubens in der Gegend der Generalsgasse (heute Theatergassen). Dort standen die beiden Vorgänger der großen Synagoge in der Herzog-Max-Straße – wie auch die Brauerei und Gaststätte »Weiße Taube« (siehe Ort 90). Um die Jahrhundertwende lebte die gehobene jüdische Bürgerschicht überwiegend im Hain.

1965 wurde anstelle der zerstörten Synagoge ein erster Gedenkstein des Bamberger Bildhauers Franz Xaver Bauer aufgestellt. Am 9. November 1988 hat man den Ort zum Synagogenplatz ernannt. Nochmals sieben Jahre, bis zum 9. November 1995, dauerte es, bis das Mahnmal des Bildhauers Professor Joachim Bandau enthüllt wurde: eine 45 Zentimeter schmale Gasse zwischen zwei Kupferplatten hindurch, die – nimmt man die Leserichtung des eingravierten Verses aus dem Klagelied – direkt nach Jerusalem weist. Die Stahlplatte daneben zeigt ein kleines Foto der Synagoge von 1910.

Adresse Synagogenplatz, 96047 Bamberg | ÖPNV Stadtbus 909, Haltestelle Synagogenplatz | Tipp An der Ecke Herzog-Max-Straße / Amalienstraße befand sich bis ins 19. Jahrhundert der sogenannte Rabenstein, die mittelalterliche Hinrichtungsstätte Bambergs. Bis 1832 ging der Henker hier seiner Tätigkeit nach.

84 Das Ulanen-Denkmal

Zwischen Dung und Schlachtenlärm

Die Bamberger Reiter. Kein kunsthistorisches Rätsel, sondern Bambergs militärhistorischer Beitrag. In der Wunderburg war ein Ulanenregiment stationiert. Die Ulanen waren eine Reitereinheit des 19. Jahrhunderts, die mit Lanzen und Säbeln bewaffnet auch das bayerische Heer verstärkten. Die seit 1872 in Bamberg stationierte Kavallerie war das Königlich-Bayerische 1. Ulanen-Regiment »Kaiser Wilhelm II., König von Preußen«. Am kleinen Platz in der Wunderburg erinnert eine Reiterstatue an das Regiment. Stolz reckt der Ulan zu Pferd seine Lanze in die Höhe, stolz tänzelt das kraftstrotzende Ross.

Die Ulanen waren wohlgelitten, denn ein Regiment verspricht immer Arbeitsplätze. Die Zivilisten, die die Koppenhof- und die Holzhof-Kaserne in der Nürnberger Straße besonders eifrig frequentierten, waren hiesige Gärtner. Der Pferdemist war ein exzellenter Gemüsedünger. Obschon Hunderte der edlen und gut versorgten Rösser jede Menge Mist produzierten, wurde der begehrte Dung sogar versteigert. Die Gärtnerbuben fegten die (kostenlosen) Pferdeäpfel von der Straße. Es war eine gewinnbringende Symbiose zwischen Kavallerie und Gärtnerstadt: Ertragssteigerung durch Mist auf der einen Seite, eine gute Ernte auf der anderen – und die Straßen waren auch noch sauber.

Ihre letzte große Attacke ritten die Bamberger Ulanen im Ersten Weltkrieg. Die Kavallerie gegen Maschinengewehre und Artilleriegeschütze reiten zu lassen, klingt zwar arg verwegen (oder reichlich bescheuert), doch ritten die Bamberger Ulanen zunächst einem militärischen Sieg entgegen. Das Gefecht vom 11. August 1914, nahe dem lothringischen Ort Lagarde, war die letzte große Kavallerie-Attacke der Geschichte. Die Ulanen waren siegreich, doch die Verluste brutal. Eine Gedenkplakette an der Reiterstatue erinnert daran. Als die Ulanen 1919 zurückkehrten, wurden sie von der Bevölkerung begeistert empfangen, doch die Zeit der Kavallerie war vorbei.

Adresse Ulanenplatz, Wunderburg, 96050 Bamberg | ÖPNV Stadtbus 905, Haltestelle Wunderburg | Öffnungszeiten immer zugänglich | Tipp In der Wunderburg finden sich zwei überaus beliebte Brauereien samt Gaststätten. Im Mahrs Bräu (Wunderburg 10, Mo 15–22.30 Uhr, Di/Mi 11–22.30 Uhr, Do–Sa 11–23 Uhr, So 11–15 Uhr) bekommt man mit der maulfaulsten Bierbestellung der Welt sein Seidla hingestellt: »a U!« Bedeutet: ein Ungespundetes. Und die Brauerei Keesmann (Wunderburg 5, Mo–Mi 15–22 Uhr, Do/Fr 10.30–22 Uhr, Sa 10–15 Uhr) ist weithin bekannt für ein Bier, das aus der fränkischen Bierlandschaft heraussticht: das »Herren Pils«, so erfrischend herb gehopft, dass es den Wettbewerb mit friesischen Bieren aufnehmen kann.

85__Die Villa Dessauer

Zeitgenössische Kunst in spätklassizistischer Villa

Eine prachtvolle, repräsentative Villa ließ sich der Hopfenhändler Carl Emanuel Dessauer 1883/84 an die Hainstraße bauen. Sein Vater hatte mit Nathan Rosenwald den Hain als attraktives Neubaugebiet erschlossen, ländlich und doch stadtnah. Weitere finanzstarke Bauherren folgten, viele von ihnen wie Dessauer Hopfenhändler. Der Hain entwickelte sich schnell zu einer exklusiven Wohnlage.

Die spätklassizistische Villa verfügte bereits über eine geradezu moderne Ausstattung: Ein Lastenaufzug transportierte Lebensmittel hinauf in die Küche – die wohl wegen der Hochwassergefahr im zweiten Stock lag – und das Mittagessen hinab in die Wohnräume, die teilweise mit einer Warmwasserheizung temperiert waren. Es gab sogar, der letzte Schrei aus England, eine Toilette mit Wasserspülung. In den folgenden 100 Jahren erlitt das Anwesen eine wechselhafte Geschichte. War die Villa unter Dessauer noch Fixpunkt im gesellschaftlichen Leben Bambergs, wurde 1941 ihr jüdischer Besitzer Max Pretzfelder zusammen mit seiner Frau Lilly von den Nationalsozialisten deportiert und ermordet. Auch die Dessauers waren eine jüdische Familie. Das enteignete Haus wurde als »Judenhaus«, als »Sammelstelle« für die jüdischen Bürger Bambergs, missbraucht. Nach dem Krieg beschlagnahmten die Amerikaner das Gebäude und nutzten es als »Amerika-Haus«, bevor sie es dem Sohn Pretzfelders zurückgaben. Dieser verkaufte es der Stadt Bamberg, die es grundrenoviert zu ihrer städtischen Galerie machte.

Es ist ein grandioser Ausstellungsort. Die prachtvollen Räumlichkeiten, zum Beispiel der Speisesaal und das Treppenhaus, sind an sich schon sehenswert und bilden – ohne sich aufzudrängen – einen überaus gelungenen Rahmen für wechselnde Ausstellungen. Unter anderem stellt der traditionsreiche Kunstverein Bamberg in der Villa Dessauer aus. Gezeigt wird vornehmlich moderne und zeitgenössische Kunst.

Adresse Hainstraße 4a, 96047 Bamberg | **ÖPNV** Stadtbus 901, 908, 909, 910, 912, Haltestelle Schönleinsplatz | **Öffnungszeiten** während der Ausstellungen Do–So 12–18 Uhr | **Tipp** Nicht jede Stadt hat ein Bürstenfachgeschäft, in Bamberg gibt es den Bürsten Nickles. In dem alteingesessenen Laden, Zinkenwörth 29, gibt es alles zum großen oder kleinen Reinemachen, von der Haar- bis zur Schuhbürste, vom Handfeger bis zum Besen.

86 Die Villa Remeis

Ein Erbe für alle

Dass die Villa Remeis so schön weit weg vom Innenstadtrummel mit seinen vielen eiligen Tagesbesuchern und ihrer knapp bemessenen Zeit – Obere Brücke, Domplatz, Sandstraße – liegt, ist schon mal kein Nachteil. Denn wer den Weg hinauf auf sich nimmt, findet fast immer einen Platz und kann dabei die vielleicht allerschönste Aussicht auf Bamberg genießen.

Der steinreiche, aber kinder- und erbenlose Junggeselle Dr. Karl Remeis (1837–1882) vermachte seine 1811 errichtete Villa samt umliegenden Park testamentarisch der Stadt Bamberg, dies allerdings mit der strikten Auflage, dass sie für alle Zeit als Café der Allgemeinheit zugänglich sei: »Auf dass recht viele, recht oft sich der so schönen Aussicht auf dem Punkte erfreuen mögen, wo ich so glückliche Tage verbrachte.« Remeis war sich offenbar bewusst, dass diese unverbaute Sicht mit der wunderhübschen Villa auf der Kuppe etwas ganz Besonderes ist, und in weiser Voraussicht soll er auch noch eine gewitzte Klausel in sein Testament eingebaut haben: Wenn Villa oder Park verbaut würden, fiele das gesamte Anwesen an die Stadt Würzburg!

Nach dem Juristen und Astronomen ist übrigens auch die Sternwarte neben dem Spezi-Keller am Stephansberg benannt, die noch heute in Betrieb ist. Den Bau dieses Gebäudes (1889) verfügte Remeis ebenfalls testamentarisch und stellte die erforderliche Summe aus seinem Nachlass bereit.

Dass dieses Erbe einen gemeinnützigen Betreiber erfordert, liegt auf der Hand. Folgerichtig wird das Café Villa Remeis heute vom Sozialdienst katholischer Frauen e. V. Bamberg geleitet, die in dem Betrieb auch Inklusion ermöglichen. Die Rohstoffe für seine köstlichen Kuchen und Torten bezieht das Café fast ausschließlich von Anbietern aus der Region, und für ihr gesellschaftliches Engagement wurde die Villa Remeis 2014 mit dem »Bayerischen Miteinander-Preis« ausgezeichnet. Karl Remeis hätte das sicher gefallen.

Adresse St.-Getreu-Straße 13, 96049 Bamberg | ÖPNV Stadtbus 910, Haltestelle Michelsberg | Öffnungszeiten Di–So 12–18 Uhr | Tipp Die Kirche St. Getreu bei der Klinik in der gleichnamigen Straße geht auf das Jahr 1124 zurück und wurde von Bischof Otto I. geweiht, Anfang des 18. Jahrhunderts wurde sie von Justus Heinrich Dientzenhofer barockisiert (zuletzt wegen Renovierung geschlossen).

87 Der Vogelsaal

Alle Vögel … ausgestopft

Es ist ein grandioser Saal, der sich im Nordflügel des ehemaligen Jesuitenkollegs über zwei Stockwerke erstreckt: weitläufig, von Licht durchflutet und blendend weiß. An den Wänden, zwischen den hohen Fenstern und längs durch den Raum stehen schlanke Vitrinen. Auf halber Höhe befinden sich weitere Schaukästen auf einer eleganten umlaufenden Galerie. Und hinter all dem Vitrinenglas beobachtet eine bunte Vogelschar den staunenden Besucher.

Initiiert hatte die naturgeschichtliche Sammlung Fürstbischof Franz Ludwig von Erthal, ein aufgeschlossener Kirchenmann, der den Ideen der Aufklärung überaus zugetan war. Zu Studienzwecken ließ er 1791 Räumlichkeiten des Jesuitenkollegs zu einem Naturalienkabinett umwidmen. Die naturkundliche Abteilung wurde zwar zu seinen Lebzeiten nicht vollendet, doch die Sammlung wuchs beständig. Als die Räumlichkeiten dem Wachstum nicht mehr standhielten, wurde das Naturalienkabinett erweitert und der zentrale Saal den zentralen, also befiederten Objekten der Sammlung gewidmet. Entstanden war ein Ausstellungsraum von zeitloser Eleganz, ein Festsaal der Ornithologie: der einzigartige Vogelsaal.

Die Vitrinen in der Mitte sind der vornehmlich europäischen Vogelwelt gewidmet, von der Amsel bis zum Zeisig, vom stolzen Seeadler zum Winzling Zaunkönig, die heimischen Vögel sind fast vollständig vertreten. In den umlaufenden Schaukästen wird es bunter, in ihnen tummeln sich die Präparate exotischer Vögel: von einer filigranen Schar Kolibris in einer Vitrine in Pyramidenform über farbenfrohe Papageien und sogar Pinguine bis zum imposanten Afrikanischen Strauß.

Apropos imposant: Zu den Vögeln gesellen sich im Treppenhaus auch Löwe, Orang-Utan, Faultier und Katzenbär. In den Vitrinen auf der Galerie finden sich neben Kleinsäugern, Fischen und Korallen weitere exotische Singvögel. Insgesamt zeigen 1.255 Präparate die Vielfalt der Vogelwelt.

Adresse Fleischstraße 2, 96047 Bamberg, Tel. 0951/8631249, naturkundemuseum-bamberg.de | ÖPNV zu Fuß etwa 5 Minuten vom ZOB, über den Maxplatz Richtung Heumarkt | Öffnungszeiten April–Sept. Di–So 9–17 Uhr, Okt.–März 10–16 Uhr | Tipp Beim Bezahlen des Eintritts zum Naturkundemuseum nicht verpassen, einen Blick nach links oben zu werfen. Das zottelige Gesicht wird Ihnen vielleicht bekannt vorkommen. Dort nämlich hängt der präparierte Kopf von Poldi, Bambergs beliebtem Burgbär (siehe Ort 65).

88 Das Wanderfalkennest

Nisthilfe an der Türmerstube

Eine passendere Immobilie für ein Wanderfalkennest lässt sich schwerlich finden: Über 60 Meter hoch erhebt sich der Turm der Oberen Pfarre über die Dächer der Stadt. Hier befindet sich eine »Nisthilfe«, die in einem Gemeinschaftsprojekt der Organisation »Artenschutz im Steigerwald« unter anderem mit dem Erzbistum Bamberg, dem Umweltamt der Stadt und der Pfarrei Unsere Liebe Frau (Obere Pfarre) installiert wurde. Geholfen hat es, zahlreiche Jungvögel hatten in den letzten Jahren hier ihre Kinderstube. Mit etwas Glück bekommt man die eleganten Greifvögel auch zu sehen. In direkter Nachbarschaft, nämlich ebenfalls in 60 Meter Höhe, befindet sich eine eher ungewöhnliche Wohneinheit: die ehemalige Dienstwohnung der Türmer von Bamberg.

Erstmals erwähnt wurde ein Türmer 1478, sein Nachfolger bekam 1537/38 eine zweigeschossige Wohnung in luftiger Höhe errichtet. Der markante Turmabschluss beschloss auch den Bau der Kirche Unsere Liebe Frau auf dem Kaulberg. Das Obere Pfarre genannte Gotteshaus ist eine wunderschöne Kirche, licht und elegant, mit kapellenbesetztem Chorumgang – und mit hohem Turm samt Türmerstube. Wer eine derart exponierte Wohnlage bezog, erfüllte auch die entsprechende Jobbeschreibung. Und die besagte vor allem: Augen offenhalten. Tag und Nacht wachten die Türmer über die Stadt, insbesondere um Brände so früh wie möglich zu erkennen und, wenn der rote Hahn auf einem Dach stand, Alarm zu schlagen. Mutmaßlich wenig gesellig war das Türmerleben, dahingegen beschwerlich, gingen doch Ver- wie auch Entsorgung über eine Seilwinde vonstatten. Und recht zugig solle es in der Turmstube auch gewesen sein.

Einen Türmer gab es übrigens auch in der Unteren Pfarre, (Alt) St. Martin auf dem Maxplatz, das Gotteshaus wurde allerdings 1805 abgerissen. Der letzte Türmer der Oberen Pfarre schloss 1928 seine Dienstwohnung ab und stieg hinunter.

Adresse Obere Pfarre, 96049 Bamberg | **ÖPNV** Stadtbus 901, 908, 912, Haltestelle Schulplatz | **Öffnungszeiten** Die Kirche ist täglich 9–17 Uhr (im Sommer 9–18 Uhr) geöffnet, die Türmerstube ist leider nicht zugänglich. Einblick in die Falkenstube erhält man Mitte März bis Mitte Juni unter artenschutz-steigerwald.de (Webcams). | **Tipp** Die Obere Pfarre ziert ein Gemälde des berühmten Venezianers Tintoretto (Eingang rechts). Vorsichtig berühren sich bei »Mariä Himmelfahrt« die Heiligenscheine von Maria und Jesus. Ein Besuchermagnet ist auch die wunderbare Krippe, die in der Weihnachtszeit aufgebaut und mehrfach verändert wird. Besonders beliebt: die Katze, die sich stets in den dargestellten Szenen versteckt.

89__Der Weinberg

Reben in der Bierstadt

Es gibt fränkische Gewissheiten, die unumstößlich scheinen: Es gibt Weinfranken, und es gibt Bierfranken. Bamberg, die Welthauptstadt des Biers, ist der rauchige Mittelpunkt gelebter Biervielfalt. Weinfranken dagegen beginnt ein paar Flusskilometer mainabwärts. Fast richtig. Denn Bamberg hat eine überaus reiche Weintradition. Der älteste belegte Bamberger Weinberg, gelegen am Hang des Michelsbergs, datiert auf das Jahr 1153. Ursprünglich dienten die Keller, aus denen später die zapfkühl gelagerten Bierfässer rollten, vornehmlich als Weinkeller. Neben den Gärtnern unten in der Gärtnerstadt gab es die Häcker der Bergstadt, die Bamberger Weinbauern, die an den Hängen der sieben Hügel Rebstöcke und Streuobstwiesen pflegten. Ganze Häckerviertel gab es in Bamberg.

Doch irgendwann starb die reiche Weintradition in der Domstadt, unter anderem wegen der rasanten Karriere des Bamberger Biers. Viele Häcker stiegen gegen Ende des 18. Jahrhunderts auf den Hopfenanbau um und mussten sich doch der Konkurrenz aus der Hallertau geschlagen geben. Es erinnerten bald nur noch ein paar typische Häckerhäuser, zum Beispiel rund um die Laurenzikapelle, oder unbebaute Wiesen an städtischen Hängen an die große Weinbautradition. Als aber in Bamberg die Vorfreude auf die Landesgartenschau 2012 wuchs, belebte man den Bamberger Weinanbau aufs Neue. Unterhalb der mächtigen Klosteranlage von St. Michael wurde der uralte Weinberg wieder angelegt und sonnenseits am Südhang Rebstöcke gesetzt.

Der erste Jahrgang wurde 2011 verkostet. Seither bereichern die Silvaner-Jahrgänge vom Michelsberg (Bamberger Stiftsgarten Silvaner) die Vielfalt des Frankenweins. Den Weinberg bestellt – rein biologischer Anbau, versteht sich – seit 2023 das Weingut Wagner aus Staffelbach. Kaufen kann man die Weine etwa im Innenhof des ehemaligen Klosters im Bamberger Stiftsladen. Bamberg ist wieder Weinstadt.

Adresse Bürgerspitalstiftung Bamberg, Michelsberg 10, 96049 Bamberg | ÖPNV Stadtbus 910, Haltestelle Michelsberg | Öffnungszeiten Bamberger Stiftsladen Do–So 11–17 Uhr | Tipp Die grandiose Klosteranlage St. Michael birgt so manchen Schatz, allen voran den einzigartigen Himmelsgarten in der Klosterkirche – Kräuterkunde an der Kirchendecke. Anfang 2026 soll St. Michael nach langen Jahren der Sanierung wieder zugänglich sein.

90 Die Weiße Taube

Der Biergarten neben der alten Synagoge

Zugeben: Die Theatergassen sind architektonisch vielleicht nicht der große Wurf. Die späten 1980er Jahre eben. Obwohl die Passage denkbar zentral liegt zwischen Langer Straße und Schillerplatz, geht es eher ruhig zu, doch das ist ja inmitten Bier-und Domstadtumtriebigkeit auch mal ganz angenehm. Doch die Theatergassen sind – und daran wird dankenswerterweise erinnert – auch ein überaus geschichtsträchtiger Ort. Hier nämlich befand sich über Jahrhunderte die Bamberger Synagoge und hier stand auch die Brauerei und Gaststätte »Weiße Taube«.

Das altehrwürdige Brauhaus »Weiße Taube« entstand bereits im 16. Jahrhundert. Im 19. Jahrhundert entwickelt sich die »Taubenbräu« zur größten Brauerei der Stadt, füllte unter anderem auch das erste Weißbier aus Bamberg ab. Überaus beliebt war die Gaststätte insbesondere wegen des großen Biergartens neben der alten Synagoge. Alte Fotos zeigen ein mutmaßliches, baumbestandenes Idyll mit Musikpavillon in bester Lage. Die Brauerei schloss 1916, die Gaststätte blieb bestehen. Stets ein besonderes Zentrum jüdischen Lebens, auf dem Areal der heutigen Theatergassen lebten zahlreiche jüdische Familien, wurde die Weiße Taube beim Novemberpogrom 1938 verwüstet. Doch die dunkelste Stunde für das traditionsreiche Haus sollte noch kommen. 1941/42 wurde die Weiße Taube zum Ghetto erklärt, in das die wenigen verbliebenen Mitbürger jüdischen Glaubens gezwungen wurden, um auf die Deportation in die Vernichtungslager der Nationalsozialisten zu warten.

Heute erinnern Gedenkplakette und Schautafel an die Bamberger Synagoge und Brauereigaststätte. Mit dem gleichen Ziel bereicherten zwei Werke des Bamberger Künstlers Bernd Wagenhäuser die Theatergassen: Ein stählerner Bogen steht für die dritte und vierte Synagoge der Stadt, und eine gebrochene und geborstene Stele erhebt sich dort, wo einst der beliebte Biergarten der Weißen Taube war.

Adresse Theatergassen, 96047 Bamberg, theatergassen.de | ÖPNV Stadtbus 904, 906 oder 910, Haltestelle Lange Straße, oder Stadtbus 901, 908 oder 912, Haltestelle Schillerplatz | Anfahrt jederzeit zugänglich | Tipp In einem Gemeinschaftsprojekt mit der Brauerei Rittmayer in Hallerndorf erinnert die Bierothek an der Kettenbrücke an die ehemalige Braugaststätte. Seit einigen Jahren bereichert das »Weiße Taube Weißbier« das illustre Sortiment Bamberger Biere (Untere Königstraße 1, bierothek.de).

91 Das Willy-Lessing-Haus

Der Bamberger, der es nicht mehr sein durfte

Von seinem Haus in der Sophienstraße 8 hatte es Willy Lessing nicht weit zur Synagoge in der Herzog-Max-Straße. Als ihn in der Nacht vom 9. auf den 10. November 1938 ein Anruf seiner Gemeinde ereilte, die Synagoge stehe in Flammen, machte er sich sofort auf den Weg dorthin. Willy Lessing konnte sicher nicht ahnen, was in dieser Nacht auf ihn zukommen sollte.

Die Familie Lessing war eine angesehene und erfolgreiche Unternehmerfamilie, die ihr Auskommen im Hopfenhandel, einer Ziegelei und der Hofbräu AG Bamberg hatte. Dazu engagierte sich Willy Lessing als Vorstandsmitglied diverser Industrieverbände sowie als Förderer und Mäzen der unterschiedlichsten Institutionen. Willy Lessing war in seiner Heimatstadt verwurzelt, könnte man sagen. 1924 ernannte man ihn zum Kommerzienrat. Mit dem zunehmenden Ausschluss von Juden aus dem öffentlichen Leben zog sich Lessing in die jüdische Gemeinde zurück, 1938 wurde er zum Vorsitzenden der israelitischen Kultusgemeinde gewählt. Und in dieser Funktion eilte er in der Nacht vom 9. auf den 10. November zur Synagoge. Vor Ort wurde er von der SA erkannt und – unter Zuhilfenahme ehrgeiziger Hitlerjugend – mit äußerster Brutalität zusammengeschlagen und gedemütigt, bis in seine Wohnung verfolgt, wieder auf die Straße gezerrt und dort halb totgeschlagen, die Wohnung wurde verwüstet. Freunde brachten Willy Lessing heimlich ins Krankenhaus. Er starb am 17. Januar 1939.

1948 wurde die Sophienstraße in Willy-Lessing-Straße umbenannt. Heute befinden sich in dem großen hellgrauen Palais, dem Willy-Lessing-Haus, Arztpraxen. Nebenan hatte übrigens Thomas Dehler, ein Freund Willy Lessings, seine Kanzlei. Er erhob als Generalstaatsanwalt 1946 die Anklage gegen die Schläger – die Urteile sahen mehrjährige Haftstrafen vor. Der FDP-Politiker Dehler war von 1949 bis 1953 erster Justizminister der Bundesrepublik Deutschland.

Adresse Willy-Lessing-Straße 8, 96047 Bamberg | ÖPNV wenige Schritte vom Zentralen Omnibusbahnhof (ZOB), die Franz-Ludwig-Straße entlang | Tipp Der Willy-Lessing-Straße Richtung Bahnhof folgend, stößt man kurz nach der Brücke auf der rechten Seite (Luitpoldstraße 16) auf die Gedenktafel für Hans Wölfel, der 1944 wegen »Wehrkraftzersetzung« hingerichtet wurde.

92 Das Jeans-Kino

Im Geburtshaus des weltberühmtesten aller Franken

Es war die Journalistin Elisabeth Steeger aus Milwaukee, die den Stein ins Rollen brachte. 1983 fragte sie mal nach bei der Gemeinde Buttenheim, ob nicht ein gewisser Levi Strauss im Dorf geboren wurde. Tatsächlich, es stellte sich heraus: Buttenheim ist der Geburtsort des vielleicht berühmtesten aller Franken, am 26. Februar 1829 erblickte hier im schlichten Fachwerkhaus Löb Strauss als sechstes Kind eines jüdischen Hausierers das Licht der Welt. Eine Kindheit in Armut, der frühe Tod des Vaters und nicht zuletzt die beiden schon ausgewanderten Brüder brachten den 19-Jährigen wohl dazu, 1848 selbst nach New York auszuwandern und sein Glück als Stoffhändler zu versuchen. Mittlerweile umbenannt in Levi folgte er in den 1850er Jahren dem Goldrausch nach Kalifornien – und die Erfolgsgeschichte nahm ihren Lauf.

Das Geburtshaus des Jeans-Erfinders beherbergt seit 2000 das Levi-Strauss-Museum. Per Audioguide navigiert man sich durch die verschiedenen Stationen im Leben und Schaffen von Strauss und der Entwicklung der Jeans sowie der Marke Levi Strauss auf dem Weg zum Weltkonzern. Ob die CEOs der Zentrale in der Battery Street in San Francisco übrigens so begeistert davon waren, dass ihr Gründer ein armer Auswandererbub aus der fränkischen Provinz war, ist nicht überliefert.

Oben unterm Dach findet man sich dann unverhofft wieder in der großen Zeit des Werbefilms – ein Kino nur mit Levi's-Spots! Wer zu jung ist, um sich an Brad Pitt als entlassenen Strafgefangenen oder die 501 als Abschleppseil (dazu natürlich immer die passende Musik) zu erinnern, wird sich sicher wundern über die aufwendigen Filme, jeder für sich ein Dokument seiner Zeit. Und für ganz viele ganz einfach Kult.

Angeschlossen ist ein Shop mit riesiger Auswahl – braucht man eigentlich nicht längst mal wieder eine Five-o-one? Die Welt der Levi's Jeans ist eben auch in Franken zu Hause.

Adresse Marktstraße 31–33, 96155 Buttenheim | ÖPNV Regionalbus 980 ab Bamberg Bahnhof, Haltestelle Buttenheim Ortsmitte | Anfahrt A 73 Richtung Nürnberg, Ausfahrt Buttenheim | Öffnungszeiten März–Okt. Di/Do 14–18 Uhr (Nov.–Feb. bis 17 Uhr), Sa/So 11–17 Uhr, levi-strauss-museum.de | Tipp In den Sommermonaten locken gleich zwei Bierkeller am Ortsrand zur Einkehr: der St.-Georgenbräu-Keller (georgenbraeu.de) und fast nebenan der Löwenbräu-Keller (loewenbraeu-buttenheim.de), beide führen auch eine Gastwirtschaft im Zentrum von Buttenheim (Marktstraße 8 und 12).

93__Der Veitsberg

Wahnsinnsblick auf Berg und Tal

Wenn man vom Maintal oder von Kloster Banz auf der gegenüberliegenden Seite hinschaut, sieht der Veitsberg aus wie die Idee eines Aquarellmalers. Eine Hügelkuppe mit einer Baumgruppe darauf. Perfekt, fast schon toskanisch. Dass sich in dieser Baumgruppe auch noch eine kleine Barockkapelle versteckt, ist dann schon fast zu viel des Guten.

Oben angekommen am Ansberg, wie der Hügel eigentlich heißt, hat man zwar nicht mehr den Blick darauf, aber dafür hinunter ins weite Maintal, auf die Eierberge, Schloss Banz, Bad Staffelstein und natürlich auf den sagenumwobenen Staffelberg mit dem spitzen Turm seiner Adelgundiskirche. In Gegenrichtung reicht der Blick bis zu Bambergs Altenburg.

Wie auch der benachbarte Staffelberg war der Veitsberg einst keltisches Gebiet. Auf dem Staffelberg lag eine Siedlung, und auf dem Veitsberg soll sich eine Opferstätte befunden haben. Auf dem ovalen Plateau des Hügels sind noch Reste eines Walls und des Grabens auf der Innenseite der Befestigung erhalten. Für die Zeit zwischen 1087 und 1319 ist eine mittelalterliche Burg verbrieft, ab etwa 1415 eine Burgkapelle mit Friedhof, worauf die bei Bauarbeiten gefundenen Skelette schließen lassen. Seit 1719 thront die äußerlich schlichte, innen aber im üppigen Barock ausgestattete St.-Veits-Kapelle (mit Gucklöchern für Erwachsene und Kinder in den verschlossenen Innenraum).

Schon Victor von Scheffel hat in seinem Frankenlied den »heiligen Veit von Staffelstein« und die herrliche Aussicht besungen. Die mächtigen Linden um die Kapelle sollen der älteste geschlossene Lindenhain Europas sein. In ihrem Schatten hat man ein paar Tische und Bänke aufgestellt, der ideale Ort für ein ausführliches Picknick mit Wahnsinnsblick auf den »Gottesgarten«, wie das Obermaintal um Kloster Banz, Staffelberg und Vierzehnheiligen genannt wird. Doch hier warnt Scheffel: »Wer lange sitzt, muss rosten.«

Adresse 96250 Ebensfeld-Dittersbrunn | Anfahrt A 73 Richtung Suhl, Ausfahrt Ebensfeld, in Ebensfeld Richtung Prächting und nach Dittersbrunn (circa 30 Kilometer von Bamberg), Parkplatz oberhalb des Ortes, dann circa 900 Meter zu Fuß | Tipp Wer im Sommer da ist und beim Anblick des einladend glitzernden Sees Lust auf ein Bad verspürt, kann sich freuen: Der Naturbadeteich Ebensfeld lädt tatsächlich zu einem Sprung ins kühle Nass (Anfahrt: in Ebensfeld unter den Gleisen hindurch, dann Beschilderung Badesee).

94 Die Buche

Wildfutterautomat und Yogaspot auf dem Baumwipfelpfad

Hundert Jahre ist sie alt! Wenn man von ganz oben auf sie blickt, mag man es gar nicht glauben, so jugendlich klein wirkt sie. Und natürlich wird sie gehegt, gepflegt und in trockenen Sommern fleißig gegossen. Schließlich steht sie – wenngleich eine von unzähligen – im Mittelpunkt. Denn um die alte Buche herum erhebt sich der Baumwipfelpfad Steigerwald.

Immer höher steigt der Holzsteg, bis er nach etwa 500 Metern den runden Aussichtsturm erreicht. Bald ist der Waldboden schwindelerregend weit entfernt, und man kann die eine oder andere Mutprobe, wie den Kletterkäfig, bestehen (muss aber nicht). Wie bei Baumwipfelpfaden üblich, wird der Waldspaziergang mit informativen Lehrpfadtafeln verbunden. Dass das Thema Forstwirtschaft eine besondere Rolle spielt, ist wohl der anhaltenden (und mittlerweile recht leidigen) Kontroverse um den Nationalpark Steigerwald geschuldet. Sei's drum, die meisten Stationen informieren über die Waldbewohner und ihren Lebensraum. Auch Kurioses gibt es zu entdecken, etwa den Wildtierautomat. Für einen Euro kann man sich ein Schächtelchen ziehen. Rieselt das Futter dann durch die dafür vorgesehene Rinne, dauert es nicht lang, bis das Rotwild antrabt (die Futterrationen sind limitiert, so ein Hirsch hält schließlich auch Diät).

Der Höhepunkt – im wahrsten Sinne des Wortes – ist natürlich der sich wie ein Blütenkelch öffnende Turm. Von der zentralen Plattform aus, die sich um besagte Buche erstreckt, kreiselt man achtmal um den hübschen Baum, bis man ganz oben in 42 Meter Höhe angekommen ist. Nun wirklich über den Baumwipfeln, öffnet sich ein grandioser Weitblick. Auf der Plattform des Turms wird an Sommerabenden übrigens Yoga angeboten. Einen schöneren Ort für die Afterwork-Entspannung kann man sich kaum denken: inmitten des wundervollen Buchenwaldes, hoch über dem Waldboden und rund um eine hundertjährige Buche.

Adresse Radstein 2, 96157 Ebrach, baumwipfelpfadsteigerwald.de | ÖPNV Regionalbus 991, Ebrach, Baumwipfelpfad | Anfahrt etwa 35 Kilometer westlich von Bamberg, auf der B 22 durch Ebrach und bis Oberschwarzach, dann rechts ab | Öffnungszeiten im Sommer 9–18 Uhr, im Winter Di–So 10–16 Uhr | Tipp Ein herrlich erholsamer Ort sind auch die Klostergärten in Ebrach. Sie gehören zu einem ehemals bedeutenden Zisterzienserkloster, in dessen Trakten heute eine JVA untergebracht ist.

95__Die Rösterei

Kaffeespezialitäten aus Frensdorf

Am Montag- und Freitagnachmittag weht ein intensiv würziger Geruch durch Frensdorf, den man zunächst vielleicht als das Aroma von frisch gemahlenem Kaffee identifiziert. Folgt man dem Geruch, findet man sich bald in einem kleinen Nebengebäude eines alten Bauernhofs wieder. Dort werden Kaffeebohnen nicht nur frisch gemahlen, sondern kommen direkt aus der Rösttrommel.

Im elterlichen Anwesen, einstmals Waschhaus und Traktorgarage, haben die Brüder Markus und Alexander Gäcklein ihre Kaffeerösterei M.A.G. eingerichtet. Das Herz des Betriebs ist ein Diedrich-Röster mit einem Fassungsvermögen von sieben Kilo. Bei 200 Grad wird der Kaffee geröstet, Espresso bei etwas höherer Temperatur. Durch ein kleines Guckloch kann man dem Kaffee dabei zusehen, wie er in der Rösttrommel dunkler wird. 16 bis 17 Minuten dauert die schonende Langzeitröstung, bevor die heißen Kaffeebohnen unter Frischluftzufuhr gewendet werden, um nicht zu verbrennen.

In die Rösttrommel kommen feinste Rohkaffees: grünlich matte Bohnen aus Guatemala mit ihrem eleganten Schokoladenaroma, eher gelblicher, milder Rohkaffee aus Brasilien, fruchtiger Kaffee aus Äthiopien, Arabicabohnen, lange im Hochland gereift, oder indische Kaffees, die im Monsunnebel eine milde nussige Note erhalten haben. Die Kaffeespezialitäten, ob als sortenreiner Kaffee oder als Mischung, ganz altmodisch für den Handfilter oder die Espresso-Maschine, in ganzen Bohnen oder frisch gemahlen, werden vornehmlich im Verkaufsladen der Rösterei in der Austraße in Bamberg vertrieben oder aufgebrüht im dazugehörigen Café serviert. Aber auch in Frensdorf gibt es den Kaffee zu kaufen, quasi frisch aus der Rösttrommel.

Ärger gab's im Dorf übrigens noch nicht wegen der geradezu exotischen Geruchsbelästigung. Im Gegenteil. Wenn die Rösttrommel angeworfen wird und ein würziger Geruch durch Frensdorf weht, gehen die Fenster in der Nachbarschaft eher auf als zu.

Adresse Kaulberg 8, 96158 Frensdorf | **ÖPNV** Regionalbus 983, Haltestelle Reundorfer Straße | **Öffnungszeiten** Mo, Fr 15 – 18 Uhr | **Tipp** Nicht um die exotische Kaffeebohne, sondern um die hiesigen landwirtschaftlichen Erzeugnisse geht es wenige Höfe weiter im Bauernmuseum Bamberger Land (täglich außer Mo 14 – 17 Uhr, So ab 13 Uhr), auf dem Dach befindet sich übrigens ein Storchennest, die Storchenkamera findet man unter bauernmuseum-frensdorf.de.

96__Bullani

Handarbeit für den Kopf

Alles Handarbeit. Vom ersten Zuschnitt bis zum Einnähen des firmeneigenen Etiketts: Bullani Bamberg, daneben die Umrisse des Alten Rathauses. Die Mützenmacherei ist mit ihren zeitlosen Mützen Bambergs Beitrag zur (zaghaften) Renaissance der Kopfbedeckung für den Herrn. Vergessen Sie diese billigen Baseball-Caps made in Billiglohnland und die fusseligen Strohhüte aus dem Urlaub, die zuerst Staub ansetzen, um dann zu selbigem zu zerfallen. Wer sein Haupt auch außerhalb der Wintermonate stilvoll bedecken und nicht zum Hut greifen will, ist unter einer Bullani-Mütze bestens aufgehoben.

Mehrfach ist der Handwerksbetrieb mit Werksverkauf aus immer wieder beengter Produktionssituation umgezogen, jüngst ins Gewerbegebiet am Hafen. Aber auch in den großzügigen Räumlichkeiten sind die Regale über und über voll mit Mützen. Es werden Stoffe und Leder zugeschnitten, unablässig rattern die Nähmaschinen und dampfen die Bügeleisen. Und über einem fünfteiligen Holzkopf werden die Mützen in Form gebracht. Genäht wird übrigens zum Teil noch an alten Pfaff-Nähmaschinen, die jedes Heimatmuseum mit Freuden in die historische Handwerkssammlung einreihen würde.

Mittlerweile ist der Familienbetrieb mit zehn Mitarbeiterinnen, der 2023 sein 25. Jubiläum feierte, in die zweite Generation übergegangen. Bestellungen kommen heute sogar aus dem europäischen Ausland. Auch Aufträge für Modelabels werden gefertigt. Im Zentrum aber steht die Mütze von Bullani: als Schiebermütze oder als Ballonmütze, in jedem Fall aus feinstem Tweed, dazu schirmlose Sailorcaps und Kuba-Käppis, auch Frauenhüte und – Privatermittler aufgemerkt – Sherlock-Holmes-Mützen. Eine Besonderheit ist die Franken-Mütze, deren Tweed der Zeiler Weber Hans Merkel auf alten Webstühlen in Handarbeit herstellt. Und wer seinen eigenen Tweed hat, kann auch den zu einer elegante Mütze formen lassen.

Adresse Biegenhofstraße 8, 96103 Hallstadt, bullani-muetzen.de | ÖPNV Stadtbus 904, Haltestelle Ertl-Zentrum | Öffnungszeiten Mo–Do 9–16 Uhr, Fr 10–14.30 Uhr, Sa 10–13 Uhr | Tipp Wenn man mal genug hat von Leberkäs und Bratwurst, bekommt man im Seesternla sehr gute Fischbrötchen, zum Beispiel mit geräuchertem Saibling oder als Backfischbrötchen (nur Mi–Sa geöffnet, Heganger 2).

97 J. C. Neupert

Werkstätten für historische Tasteninstrumente

In den Laubanger fährt man, um umfassend Baumarktsortimente zu vergleichen, oder auf der Suche nach Bodenbelägen oder Elektrowaren. Ein wohlklingendes Cembalo oder ein kompakt-elegantes Spinett stehen wohl auf den wenigsten Einkaufslisten. Doch im weitläufigen Gewerbegebiet zwischen Bamberg und Hallstadt ist auch die Manufaktur für historische Tasteninstrumente J. C. Neupert beheimatet.

1868 eröffnete Johann Christoph Neupert, der in der berühmten Wiener Werkstatt von Johann Baptist Streicher gelernt hatte, eine Produktionsstätte für Pianos. Die Söhne Neuperts gingen um die Jahrhundertwende das Wagnis ein, sich auf die Anfertigung von Cembali einzulassen. In den Konzertsälen und Bürgerstuben waren Piano oder Flügel en vogue, die ihre Saiten mit Hämmerchen anschlagen. Tasteninstrumente wie Cembalo, Virginal und Spinett, bei denen die Saite mit einem Kiel angerissen wird, waren lange aus der Mode, ihre Renaissance setzte gerade erst ein. Die Neupert-Brüder produzierten Instrumente nicht sklavisch nach alten Vorgaben, sondern passten das Cembalo der Entwicklung des Pianos an, integrierten schwerere Resonanzböden und stärkere Saiten. In den 1980er Jahren dagegen wandte man sich wieder den historischen Vorbildern zu, versuchte den Klang zu schaffen, der Johann Sebastian Bach einst für das Cembalo begeistert hatte.

Die Produktion ist heute vollends auf Cembali, Spinette, Virginale, Klavichorde und Hammerflügel spezialisiert, die weltweit von Musikern hoch geschätzt werden. Zwölf Mitarbeiter fertigen im Jahr etwa 20 Instrumente nach historischem Vorbild, erweitert um praxisnahe Modifikationen. Geliefert wird an Konzerthäuser, Konservatorien, aber auch an Privatpersonen in aller Welt. Außerdem werden historische Instrumente repariert, restauriert und verliehen – welcher Konzertveranstalter hat bei Bedarf schon fünf Cembali einsatzbereit und gestimmt im Fundus?

Adresse Biegenhofstraße 9, 96103 Hallstadt, jc-neupert.de | ÖPNV Stadtbus 904, Haltestelle Ertl-Zentrum | Öffnungszeiten Mo – Do 8 – 17 Uhr, Fr 8 – 12.30 Uhr | Tipp Am Ende der Rheinstraße liegt im Wendekreis das ehemalige »Haindampferla« aufgedockt. Das Ausflugsboot verkehrte früher auf der Regnitz zwischen Buger Spitze und Concordia.

98 Die Helenenkapelle

Kleinod über den Mainauen

Beim Spaziergang zur Ruine der Helenenkapelle gerät der Weg zum sprichwörtlichen Ziel. Vom Sportplatz in Kemmern wandert man zunächst einen bequemen Weg nach Norden, auf der einen Seite fallen die bewaldeten östlichsten Hänge der Haßberge ab, auf der anderen Seite erstreckt sich die malerische Mainaue. Man passiert die Abzweigungen zu zwei Kellern am Waldrand, dem Wagner- und dem Leicht's-Keller, bis der Weg nach etwa einer halben Stunde in den herrlichen Mischwald führt. Oberhalb des steilen Hangs, zugänglich über Treppe und Fußpfad oder über den breiten Forstweg, erreicht man schließlich diesen zauberhaften abgeschiedenen Ort mit der Ruine der Helenenkapelle.

Schon die Kelten sollen auf dem Ausläufer des Sembergs zu einer Kultstätte über dem Obermain gepilgert sein. Im Frühmittelalter wurde eine Ringwallanlage als Fliehburg angelegt. Das kleine spätgotische Gotteshaus samt Glockenturm entstand um 1500 (erstmalige urkundliche Nennung 1540). Errichtet hat die Kapelle »zu den Elenden Heiligen« die alteingesessene, angesehene Bamberger Patrizierfamilie Zollner vom Brand. Obwohl man die Kapelle bald auch Helenenkapelle nannte, wurde darin die heilige Felicitas verehrt. Dies beweist eine Rechnung, die Mitte des 18. Jahrhunderts über Restaurierungskosten der Statue der römischen Märtyrerin ausgestellt wurde. Bei der Kapelle findet sich noch heute ein neu überdachter (und vergitterter) Zisternenbrunnen, der in weichen Sandstein geschlagen ist. Seinem Wasser wurde Heilwirkung bei äußerlichen, also dermatologischen Übeln zugeschrieben.

Im Zuge der Säkularisation wurde die Helenenkapelle aufgegeben. Sie verfiel und diente, wie es heißt, so manchem Kemmerer Bauherrn als Steinbruch. Erst 1968 sicherte das Forstamt Bamberg die Überreste der Kapelle, die, seither unter Denkmalschutz stehend, ein idyllisches Ziel für einen ausgedehnten Spaziergang abgeben.

Adresse 96164 Kemmern | ÖPNV Regionalbus 940, Haltestelle Kemmern Kirche | Anfahrt auf der B 4 bis Kemmern, dann zum Sportplatz auf der anderen Mainseite, dort parken | Öffnungszeiten stets zugänglich | Tipp Im Nachbarort Dörfleins steht die imposante Hagelmarter mit einer Höhe von 5,50 Metern. Der Bildstock, der im Kern aus dem 14. Jahrhundert stammt, gilt als der bedeutendste der Gegend. Die Marter soll das Dorf vor Hagel und Unwettern schützen.

99__Das Weingut Laufer

Frankenwein und eine steinalte Burg

In den östlichsten Randlagen Weinfrankens gelegen, residiert das sympathische Weingut Laufer im Vorhof der uralten Burg Lisberg. Weithin sichtbar erhebt sich hoch über dem kleinen Dorf der mächtige Bergfried über die altehrwürdige Burg.

Bereits 820 wurde eine Burg auf dem »Elitzberg« bei Trabelsdorf urkundlich erwähnt. In ihren Grundfesten eine romanische Spornburg, zählt sie zu den ältesten Burgen Frankens, der Bergfried stammt im Kern aus dem 12. Jahrhundert, der Palas aus der Zeit um 1600. Sie ist die einzige Burg des Steigerwalds, die durch alle Fährnisse der fränkischen Geschichte hindurch nie von feindlichen Heeren eingenommen oder zerstört wurde. Lediglich die Vorburg, in der sich heute das Weingut befindet, wurde während der Bauernkriege in Mitleidenschaft gezogen. Der Erhalt ist allerdings weniger ihrer wehrhaften Architektur als vielmehr dem Geschick der Burgherren zu verdanken, die sich selbst während der Wirren des Dreißigjährigen Krieges aus allen konfessionsgeladenen Querelen herauszuhalten wussten.

Das Weingut Laufer hatte ursprünglich seinen Sitz in Schloss Bimbach zwischen Prichsenstadt und Gerolzhofen. 1989 verlegte das Familienunternehmen seinen Sitz in den malerischen Vorhof der Burg Lisberg, ohne jedoch den Standort Schloss Bimbach aufzugeben. Die weinbauliche Randlage kommt nicht von ungefähr. Das Weingut Laufer bewirtschaftet bei Unterhaid den – vom Bamberger Michelsberg einmal abgesehen – östlichsten Weinberg Frankens und keltert somit einen der wenigen Weine aus Oberfranken. Die übrigen Lagen des Weinguts finden sich weiter westlich, vornehmlich am Rand des Steigerwalds – wie der »Bimbacher Schlossgarten« – und am östlichen Maindreieck bei Sommerach und Obervolkach. Beim Besuch des pittoresken Burgguts kann man natürlich auch ein paar Tropfen verkosten, die Burg selbst befindet sich heute in Privatbesitz.

Adresse Burggut Lisberg, 96170 Lisberg | **Anfahrt** B 22 bis kurz vor Stegaurach, dann rechts und auf der Landstraße weiter, circa 15 Kilometer | **Öffnungszeiten** Mo, Mi 9–12 und 13–18 Uhr, Sa 9–12 und 13–16 Uhr | **Tipp** In dieser herrlichen Landschaft vollzieht sich der Wechsel zwischen Wein- und Bierfranken in aller Gemächlichkeit. Die Weinberge und -güter am Main nehmen zu, und doch brauen in den Dörfern Kleinbrauereien beachtliche Biere, wie beispielsweise die Brauerei Zehendner in Mönchsambach, Max-Bräu in Ampferbach oder Beck Bräu in Trabelsdorf.

100 Die Hügelgräber

Keltisches Erbe am Waldrand

An der Straße von Litzendorf nach Geisfeld heben sich direkt am Waldrand ein paar ebenmäßige Unebenheiten aus der Wiese. Geschulte Augen der Archäologen erkennen in den harmonisch gerundeten Hügeln Bedeutsames. Der interessierte Laie indes wird durch eine unauffällige Informationstafel aufgeklärt. Es handelt sich um einen vorgeschichtlichen Friedhof, ein frühkeltisches Gräberfeld. Von den ehedem 50 Grabhügeln liegen noch über 30 im Wald verborgen (von denen allerdings nicht allzu viel zu erkennen ist). Historisch sind sie durchaus bedeutsam: Sie zählen zu den größten und am besten erhaltenen Gräberfeldern aus der frühen Hallstattzeit im oberfränkischen Raum. Die heutigen Hügelgräber am Waldrand sind Rekonstruktionen, die nach Ausgrabungen Anfang der 1990er Jahre zur Veranschaulichung angelegt wurden: gleichmäßige Erhebungen von unterschiedlicher Größe, teils gekrönt von einem aufrecht stehenden Stein und umgeben von einem Steinkreis, um das Reich der Toten von den Lebenden abzugrenzen.

Die ersten Hügelgräber wurden im 7. Jahrhundert vor Christus angelegt, die letzten im 5. Jahrhundert vor Christus. Im Zentrum wurde eine Anlage gefunden, bei der es sich womöglich um ein Heiligtum handelt: ein Graben in Form eines nicht ganz geschlossenen Kreises, der in einem zweiten, größeren Kreis liegt. Die Öffnungen weisen in entgegengesetzte Richtungen – ein rudimentäres Labyrinth. Die Anlage wurde später von einem Grabhügel überbaut. Im 7. Jahrhundert vor Christus wurden die Toten verbrannt und ihre Asche in hölzernen, mit Steinen bedeckten Grabkammern beigesetzt, über denen die Hügel errichtet wurden. Grabbeigaben sollten dem Verstorbenen den Aufenthalt im Jenseits erleichtern. Die Gräber wurden allerdings im 19. Jahrhundert ausgeräumt, sodass bei späteren, wissenschaftlichen Grabungen wenig gefunden wurde. Grabräuber können also den Spaten im Kofferraum lassen.

Adresse 96123 Litzendorf | Anfahrt an der Straße von Litzendorf nach Geisfeld, am Waldrand, nicht zu übersehen | Öffnungszeiten stets zugänglich | Tipp Ein beliebter Brauerei-Gasthof liegt ein Dorf weiter in Schammelsdorf, die Brauerei Knoblach. Schöner Garten, aber vor allem: super Bier!

101 Das Wasserspiel

Wasser marsch! – Zur vollen Stunde

Eine schmucke Sommerresidenz haben sich Bambergs Fürstbischöfe über den Fischweihern bei Memmelsdorf errichten lassen. Ein ockergelber Prachtbau erhebt sich inmitten eines weiten Gartens. Alles formvollendet und ordentlich platziert, gänzlich gemäß barocker Vorstellung vom Schönen: ein vierflügeliges Schloss mit sauber strukturierter Fassade und gleichförmigen Türmen samt Orangerie und prachtvollem Tor, umgeben von einer weitläufigen Gartenanlage von sichtachsenfreundlicher Geradlinigkeit. Die Prunkimmobilie wurde gekrönt von einem opulenten Wasserspiel.

Als man in den 1990er Jahren daranging, die Kaskaden zu renovieren, war das herrliche Bauwerk in einem beklagenswerten Zustand. Auch wenn die Anlage nicht zur Gänze wiederhergestellt werden konnte, bietet das Wasserspiel heute doch einen prächtigen Anblick. Im Mittelpunkt steht ein properer Herkules, selbstbewusst und kraftstrotzend. Über ihm erhebt sich zierlich-elegant Fama, die Göttin des Ruhms, die den Kraftprotz lorbeerbekränzt. Zu Füßen des Zeussohns stürzen seine Widersacher. Flankiert wird die Figurengruppe von den lokalen Flussgottheiten Main (links) und Regnitz (rechts). Während des Sommers sprudelt das Wasserspiel stündlich.

Der Bau der Kaskaden von Seehof war 1771 abgeschlossen. Pate stand ein niemals realisiertes Wasserspiel, das den Park von Schloss Weißenstein in Pommersfelden hätte zieren sollen. Der Bauherr, Adam Friedrich von Seinsheim, Bambergs letzter Fürstbischof mit Sinn für spätbarocke Sinnesfreuden, griff dafür tief in die Domstiftschatulle. Die künstlerische Kraft hinter dem Rokoko-Kleinod war Ferdinand Tietz, der ganz Seehof mit figürlicher Pracht bevölkerte. Die wahrhaft herkulische Leistung aber vollbrachte der Ingenieurhauptmann Johann Michael Fischer, dem die technische Leitung oblag. Er schuf die bemerkenswerte Wassertechnik, die die Kaskaden mit sprudelndem Leben füllte.

Adresse Schloss Seehof, 96117 Memmelsdorf | ÖPNV Stadtbus 907, Haltestelle Seehof | Öffnungszeiten Park: ganzjährig, das Wasserspiel sprudelt Mai–Anfang Okt. täglich 10–17 Uhr zu jeder vollen Stunde | Tipp Die Seehofweiher sind nicht nur Karpfenfarm, sondern auch ein reich gedeckter Tisch für zahlreiche Wasservögel, wie Enten und Schwäne, Blesshühner, Haubentaucher oder Graureiher.

102 Die Pettstadter Fähre

Mit der Kraft der Natur

Die Szenerie hat etwas Abenteuerliches und erinnert an eine jugendliche Sommertour. Das liegt sicher auch an der alten Eisenbahnbrücke. Die Bahnlinie darauf wird sogar noch befahren, wenn auch nur von Güterzügen, die nach Schlüsselfeld rumpeln. Darunter zeigt sich die Regnitz von ihrer romantischsten Seite, mit dicht bewachsenem Ufer und flussabwärts sogar mit einer echten – kleinen – Stromschnelle.

Bereits 1461 ist ein Fährmann dokumentiert, der die Überfahrt über die Regnitz ermöglichte. Wahrscheinlich gibt es sie aber schon viel länger, denn Brücken über die Regnitz zwischen Bamberg und Forchheim gab es bis ins Jahr 1929 nachweislich keine.

Der Fährmann unserer Tage beherrscht sein Handwerk perfekt, weiß genau, wo anlegen zum Umhängen des Stahlseils, wo abstoßen und die Fähre in welchen Winkel bringen, und wie viel Zeit man dann hat, um aufzuspringen, bis sich das motorlose Gefährt in Bewegung setzt. Das tut es nämlich allein durch die Strömung des Flusses und ist damit die letzte der alten Gierseilfähren in Oberfranken. Das Boot selbst ist ein jüngeres Modell und TÜV-geprüft, nur die Technik – nach einer holländischen Erfindung aus dem 17. Jahrhundert – ist altbewährt und absolut umweltfreundlich. So wünscht man sich doch das ländliche Idyll.

Die Überfahrt mit der Pettstadter Fähre hat so auch etwas ungemein Beruhigendes und erfreut sich größter Beliebtheit vor allem bei Fahrradausflüglern. Gefahren wird immer nach Bedarf, bei jedem Wetter, natürlich auch bei Regen. Autos werden zwar mitgenommen, müssen sich aber hinter den Fußgängern und Fahrrädern anstellen, was an Feier- und Brückentagen schon mal dauern kann. Eine etwaige Wartezeit kann man sich auf dem Parkbänkchen oberhalb der Fähre mit Blick auf den Fluss vertreiben beziehungsweise auf der neuen Fährterrasse (samt Parkplätzen), die derzeit entsteht.

Adresse Pettstadter Fähre, 96175 Pettstadt | **Anfahrt** Pettstadt liegt elf Kilometer südlich von Bamberg. Die Abzweigung zur Fähre befindet sich an der östlichen Ortsumfahrung (beschildert). | **Öffnungszeiten** März–Okt. 9–19 Uhr (März und Okt. bis 18 Uhr), im Winter kein Betrieb | **Tipp** Der Schrauder Keller an der Kreuzung am Ortsrand von Pettstadt ist bekannt für seine deftige Brotzeit und die gegrillten Makrelen. Circa drei Kilometer sind es zum Gasthof Melber im nordwestlichen Nachbarort Höfen mit seinem schönen Biergarten gleich beim Aurachgrund (gasthausmelber.de).

103__Die Ruine

Im Schatten fürstbischöflicher Pracht

Mitten im kleinen Ort Pommersfelden liegen neben der hübschen Kirche die Reste einer ehemals stattlichen Burg verborgen. Einstmals war sie ordentlich befestigt, umgeben von Wassergraben und Ringmauer, geschützt von trutzigen Rundtürmen. Vermutlich stand an dieser Stelle bereits eine frühmittelalterliche Burg. Der Kern der Wasserburg, in der die alte Adelsfamilie der Truchsesse von Pommersfelden nachweislich seit dem Anfang des 14. Jahrhunderts residierte, reicht bis ins 13./14. Jahrhundert zurück.

Heute indes liegt die Anlage in Ruinen. Reste des Mauerwerks sind noch zu erkennen, die Ruinen zweier Rundtürme von dichter Vegetation überwuchert. Im schilfbestandenen Graben schwimmen Blesshühner und Enten. Sehr hübsch angelegt ist das angrenzende Areal mit neuem Spielplatz, Hollywoodschaukel, Trinkwasserbrunnen und Bühne, die die Ruine als Kulisse nutzt. Ein dörfliches Idyll, das doch gänzlich überstrahlt wird von Schloss Weißenstein.

Und Schloss Weißenstein strahlt – nicht allein dank des weißen Sandsteins, nach dem die Prachtimmobilie benannt ist. Die repräsentative Sommerresidenz des Fürstbischofs Lothar Franz Graf von Schönborn, entstanden in den Jahren von 1711 bis 1718, gilt als Gründungsbau und gleichzeitig bereits als Höhepunkt des fränkischen Barocks. Neben seinem Hofbaumeister Johann Dientzenhofer gelang es dem Fürstbischof, den Wiener Stararchitekten Johann Lucas von Hildebrandt für das Projekt zu gewinnen. Dieser entwarf das grandiose Treppenhaus der gewaltigen Dreiflügelanlage. Auch die übrigen Räumlichkeiten sind überwältigend.

Natürlich steuert man in der Regel Pommersfelden an, um Schloss Weißenstein zu besichtigen. Aber vielleicht bleibt nach dem Besuch der opulent barocken Herrlichkeit noch Zeit für einen kurzen Abstecher in den kleinen Ort. Um einen Blick zu werfen auf die alte Ruine eines Wasserschlosses im Dornröschenschlaf.

Adresse Hauptstraße, 96178 Pommersfelden | **ÖPNV** Regionalbus 978, 979, Haltestelle Pommersfelden Ortsmitte | **Anfahrt** B 22 Richtung Würzburg, links über Vorra und Weiher nach Pommersfelden (ausgeschildert), am Ortseingang gleich links in das Dorf hinein, 19 Kilometer ab Bamberg | **Öffnungszeiten** ständig zugänglich | **Tipp** Bei einer Führung durch Schloss Weißenstein ist neben der grandiosen Architektur auch die bedeutende Kunstsammlung zu bestaunen: Hier hängen unter anderem Meisterwerke von Rubens, Dürer, Tizian, Brueghel (der Jüngere) und Artemisia Gentileschi (»Susanna und die beiden Alten«). April–Okt. Mi–So 11–17 Uhr, Führungen stündlich (letzte 16 Uhr), schoenborn.de.

104 Im Schlosshof

Zerwürfnis auf der Landpartie

»Sehen Sie? Hier liegt der Sch-hund! Wir haben doch auch getrunken, wie er, uns passiert so etwas nicht! Das kann nur so einem gemeinen, prosaischen Kerl passieren!« Der Eklat ereignete sich bei einer Landpartie – donnernd wie ein Theaterskandal. An einem Spätsommertag des Jahres 1812 machte sich eine kleine Bamberger Reisegruppe um ein junges Brautpaar auf, um zum Schloss Weißenstein zu reisen. Mit dabei: E. T. A. Hoffmann, das Epizentrum des Eklats.

Als Hoffmann wenige Jahre zuvor nach Bamberg gekommen war, war er noch guten Mutes. Er musste nicht mehr als Beamter in der preußischen Provinz versauern oder in Berlin hungern, sondern konnte von der Musik leben. 1808 wurde er als Kapellmeister ans Bamberger Theater gerufen. Doch die Freude währte nicht lange, Missgunst und Eitelkeiten führten zum Verlust der Stelle. Hoffmann schlug sich durch, unter anderem als Musiklehrer. Doch in eine seiner Schülerinnen, die 14-jährige Julia Marc, verliebte er sich, seinem Naturell entsprechend »exaltiert bis zum Wahnsinn« (siehe Ort 35). Für Julia war eine gute Partie vorgesehen, ihr Musiklehrer dagegen Mitte 30, mittellos und verheiratet. Als sie, nunmehr 16-jährig, den Kaufmannssohn Johann Graepel ehelichen sollte, konnte Hoffmann nicht anders, als diesen »gemeinen, prosaischen Kerl« leidenschaftlich zu verachten.

Bei der Landpartie brach sich die Abscheu Bahn. Der Bräutigam sprach sorgfältig dem Wein zu und stürzte auf dem Schlosshof, voll wie ein Eimer. Hoffmann entfuhr das böse Wort vom »Sch-hund«. Der Skandal machte die Runde, die Brautmutter verstieß den unglücklich Verliebten, andere Mütter bestellten den Musikunterricht ab. Hoffmanns Jahre in Bamberg neigten sich dem Ende entgegen. Julia aber begleitete ihn für den Rest seines Lebens. Als schmerzliche Erinnerung an eine verzweifelte Liebe schimmert sie durch zahlreiche Frauenfiguren in seinen Erzählungen.

Adresse Schloss Weißenstein, 96178 Pommersfelden | ÖPNV Regionalbus 978, 979, Haltestelle Pommersfelden Ortsmitte | Anfahrt B 22 Richtung Würzburg, links über Vorra und Weiher nach Pommersfelden (ausgeschildert), 19 Kilometer ab Bamberg | Tipp Eine entspannte Stimmung bei der Landpartie verspricht der Schlosspark Weißenstein. Auf dem weitläufigen, von Mauern umschlossenen englischen Landschaftspark mit altem Baumbestand und Teich tummeln sich gemächlich Damwild, Esel und Schafe.

105 Der Felsenkeller

Fränkische Lebenswelt

Wie ein Kranz legen sich die unzähligen Bierkeller um Bamberg, fast jeder Ort hat einen, oft weithin bekannt, meist ruhig am Ortsrand gelegen, manche riesig, professionell aufgezogen und mit ausschweifendem Essensangebot, andere ganz still und schlicht und mit nur ein paar Bierbänken im Hof oder unter hohen Bäumen. Fast überall gehört eine eigene Brauerei dazu. Und fast überall kommen die Stammgäste nicht nur aus dem Dorf selbst, sondern teils auch von weiter her zu »ihrem« persönlichen Lieblingskeller.

Der Felsenkeller in Roßdorf ist zweifellos einer der schönsten und idyllischsten im Landkreis und einer der kleinsten. Am Rand des ruhigen Dorfes verteilen sich die Tische und Bänke in überschaubarer Zahl unter schattenspendenden Linden und einer alten Buche. Daneben plätschert der Geisfelder Bach. Ein zeitloses fränkisches Idyll.

Malerisch steht das Fachwerkhäuschen mit schmuckem Holzbalkon und Hirschgeweih am Hang, in dessen Fels der über 100 Jahre alte Kellerstollen gehauen ist. Aus einem Fenster werden die im besten Sinne einfachen Brotzeiten gereicht, und im Eingang zum Kellergewölbe ist ganz traditionell das Fass aufgebockt. Das romantische Kellerhaus der traditionsreichen Brauerei Sauer aus Roßdorf dient als Emblem auch auf den Steinkrügen, in die das ausgezeichnete Bier frisch vom Fass und bestens temperiert gezapft wird. Auch hinter dem Kellerhaus finden sich ein paar Bierbänke – hier mit Blick auf eine zauberhafte Landschaft, die nicht von ungefähr fränkische Toskana genannt wird.

Ein Krug von dem süffigen Bier, eine Brotzeit, ein lauschiges Eck im Schatten, und wenn dann noch das Wetter mitspielt und sich milde Sommerabende über die sanfte Landschaft legen, fühlt man sich wie im Kurzurlaub. Der Bierkeller ist niemals nur die Kulisse sommerlicher Geselligkeit, auf den Keller zu gehen ist ein fränkisches Lebensgefühl.

Adresse Zum Felsenkeller, 96129 Roßdorf am Forst | **ÖPNV** Regionalbus 970, Haltestelle Roßdorf am Forst | **Anfahrt** motorisiert oder pedalierend: Vom Berliner Ring in Bambergs Süden führt die Landstraße durch den Hauptsmoorwald, kurz vor Geisfeld rechts ab nach Roßdorf, mitten im Ort gelangt man über eine schmale Gasse zum Keller (beschildert). | **Öffnungszeiten** im Sommer bei gutem Wetter Mo–Sa ab 16 Uhr, So ab 14 Uhr | **Tipp** Ein weiterer herrlicher Keller, wenngleich deutlich größer und sehr beliebt, findet sich in Geisfeld: der Griess-Keller. Man sitzt herrlich unter hohen, schattigen Laubbäumen auf Terrassen am Hang. Ausgeschenkt wird das hervorragende Bier der hiesigen Brauerei Griess.

106 Die Steinerne Rinne

Geologie zum Bitte-nicht-drauftreten!

Ein Naturdenkmal mitten im Wald. Nicht ausgeschildert und auch ansonsten recht vergessen, aber immerhin als Naturdenkmal mit einem Schild der Naturschutzbehörde gekennzeichnet. Vom Bolzplatz des ziemlich verschlafenen Dörfchens Roschlaub führt ein schmaler Betonweg durch herrliche Landschaft mit Weitblick zum Veitsberg (siehe Ort 93), an sich schon einen Ausflug wert. Weiter auf dem Feldweg in den Wald hinein und bei der Gabelung rechts bergauf steht man unvermittelt vor dem Naturphänomen am steilen Hang.

Etwa 30 Meter lang und bis zu 40 Zentimeter hoch ist die in ihrem Verlauf etwas krumme Rinne, beidseitig von Moos bewachsen. In der Mitte fließt auf hellem, weichem Kalkstein ein schmales Rinnsal, ein natürliches Miniaturaquädukt, auf das man auf keinen Fall treten sollte. Steinerne Rinnen sind ein geologisches Phänomen deutscher Mittelgebirge, wie etwa des Fränkischen Jura (oder der Fränkischen Alb), an dessen Ausläufern sich Roschlaub befindet. Unsere Rinne ist noch relativ klein und jung (vermutlich zwischen 100 und 200 Jahre alt); die größte ihrer Art bei Landau in Niederbayern bringt es auf über fünf Meter Höhe. Ein »Bachbett« wie bei der Steinernen Rinne formt sich dann, wenn sich aus sehr kalk- und kohlendioxidhaltigem Quellwasser Kalk ablagert. Bei Roschlaub wächst das »Bett« lediglich zwei bis drei Millimeter im Jahr.

Und der »Jugend« dieses geologischen Phänomens ist auch geschuldet, dass die Steinerne Rinne noch sehr empfindlich und geradezu weich ist. Darum an dieser Stelle nochmals die inständige Bitte an den geneigten Leser, sorgsam mit diesem Geotop umzugehen, es nicht zu berühren und schon gar nicht zu betreten!

Keine zwei Meter nebenan fließt ein weiteres Rinnsal aus der gleichen Quelle ganz »normal« den steilen Berg hinunter. Ob daraus auch einmal eine steinerne Rinne entstehen wird? In ungefähr 150 Jahren wissen wir es.

Adresse 96110 Scheßlitz, OT Roschlaub, die Steinerne Rinne befindet sich 1,7 Kilometer nördlich vom Bolzplatz am nordwestlichen Ortsrand | ÖPNV Regionalbus 963, Haltestelle Roschlaub | Anfahrt A 70 bis Ausfahrt Scheßlitz, über Schweisdorf oder Pausdorf nach Roschlaub | Tipp Die weithin sichtbare Kirche im unterhalb von Roschlaub gelegenen Ort Schweisdorf ist eine Besonderheit: Eigentlich stand sie in Johannishof bei Oberhaid, wurde dort 1862 abgebaut und hier wieder aufgebaut, wo sie noch heute als Dorfkirche dient.

107 Die Confiserie Storath

Der Pralinenmacher

Kommt man nach Stübig, findet man ein typisch fränkisches Dorf vor, eingebettet in sanfte Hügel, gesäumt von Wald und Wiesen, und mittendrin die Confiserie Storath. Selbst wenn man sich eigens aufgemacht hat, den Werksverkauf der Pralinenmanufaktur zu besuchen, steht man doch ein wenig überrascht vor der Quelle süßer Köstlichkeiten inmitten der ländlichen Idylle.

Johannes Storath begann 1989, in der elterlichen Gastwirtschaft eine Pralinenmanufaktur aufzubauen. Das Gasthaus gibt es heute nicht mehr, die Confiserie dagegen hat sich längst etabliert und in der zentralen Langen Straße in Bamberg einen großzügigen Laden eröffnet, der vor allem in der Vorweihnachtszeit aus allen Nähten zu platzen scheint.

Im ehemaligen Kuhstall in Stübig werden die raffinierten Spezialitäten aus hochwertiger Schokolade gezaubert. Die Kakaobohnen stammen vornehmlich aus Ecuador, von kleinen Plantagen, die von Maya-Nachkommen bestellt werden. Storath setzt nicht auf Expansion, sondern auf Handwerk und Qualität. Und Handarbeit ist das Pralinenmachen in der Tat: Da wird geschnitten und gedeckelt, eingefüllt, überzogen, filiert, gepunktet, oder es werden mit der Pinzette Lavendelblüten aufgesetzt. So entstehen Kunstwerke des Chocolatier-Handwerks. Der fruchtige Brombeer-Vanille-Trüffel zum Beispiel, die exotische 1001-Nacht-Praline, das Himbeertöpfchen oder aber der Verkaufsschlager: die Bambergerin (aus Marzipan, Wildpreiselbeere und einer Rum-Honig-Ganache, zu erkennen an den Pistaziensplittern obenauf). Über 50 Pralinensorten gab es zuletzt, jedes Jahr entstehen im storathschen Genusslabor zwei bis drei neue Kreationen. Dazu gesellt sich auch Schokolade in Tafelform, die man auf Bestellung auch mit individueller Beschriftung bekommt. Wen es nach Stübig verschlägt, der findet heute nicht nur ein ländliches Idyll vor, sondern auch den gut sortierten Werksverkauf.

Adresse St.-Martin-Straße 18a, 96110 Scheßlitz-Stübig, Tel. 09542/7746970, storath.shop | **ÖPNV** Regionalbus 963, Haltestelle Stübig | **Anfahrt** A 70 bis Scheßlitz, dann Richtung Wattendorf/Stübig | **Öffnungszeiten** Werksverkauf: Mo–Do 8–16 Uhr, Fr 8–12 Uhr | **Tipp** Nur fünf Kilometer nördlich von Stübig liegt Wattendorf, berühmt für seine gleichnamige Lagune: kein Spaßbad, sondern eine geologische Sensation. Hier wurden die ältesten (und nördlichsten) Plattenkalke aus dem Oberjura gefunden – und darin spektakuläre Fossilien. Zu sehen im Naturkundemuseum Bamberg (siehe Ort 87).

108 Der Ellerberg

Zwischen Toskana und Schweiz

Dass die Toskana (die Fränkische, also die liebliche Landschaft östlich von Bamberg) fast an die Schweiz grenzt (wiederum: die Fränkische, die sich noch weiter östlich anschließt), gibt es nur hier. Allerdings grenzt sie auch nur fast daran, denn dazwischen liegt der Ellerberg, mit 535 Metern eine recht stattliche und steile Erhebung hinter Tiefenellern am Talschluss des Ellertals.

Dank seiner serpentinenreichen Straße ist der Berg eine beliebte Strecke für Motorradfahrer auf dem Weg in die »Fränkische« (und für Radler eine Herausforderung). Zwischen den steilen und bewaldeten Hängen gibt der Eulenstein – toller Blick von oben auf das ganze Ellertal! – an der letzten Straßenkehre schon einen Vorgeschmack auf die typischen Erkennungszeichen der Fränkischen Schweiz – die schroffen, senkrechten Felsformationen.

Doch der Ellerberg hat auch gruselige Seiten. Anfang der 1950er Jahre entdeckte man im Wald eine Höhle, die Jungfernhöhle, in der die Skelette von über 40 Personen gefunden wurden. Viele von ihnen waren jung und weiblich, sie alle starben keines natürlichen Todes. Man geht davon aus, dass es sich um einen jungsteinzeitlichen Opferplatz aus der Zeit um 5000 vor Christus handelt. Die Zähne der Geopferten band man sich als Ketten um den Hals. Und angeblich sollen hier noch immer drei kopflose Jungfrauen herumspuken.

Das paradiesische und tatsächlich fast ein wenig toskanisch anmutende Ellertal ist unbedingt einen Abstecher wert. Drei Brauereien in zwei Dörfern haben schon fast Aufseß-Niveau (zur Erinnerung: das nahgelegene Aufseß ist der Ort mit der höchsten Brauereidichte der Welt, sagt das Guinness-Buch der Rekorde). Zwei davon, Hönig in Tiefenellern und Hölzlein in Litzendorf, sind auch Brauereigaststätten: Gutes Bier und ehrliche fränkische Brotzeiten in Wirtshaus und Bierkeller gehören schließlich zur Grundausstattung der Fränkischen Toskana.

Adresse Tiefenellern gehört zur Gemeinde 96123 Litzendorf | ÖPNV Regionalbus 970 ab Bamberg ZOB über Lohndorf nach Tiefenellern | Anfahrt Über Pödeldorf und Litzendorf. Tiefenellern liegt 15 Kilometer östlich von Bamberg, direkt dahinter steigt der Ellerberg an. | Tipp Beliebt sind die sonntäglichen Braten im Gasthof der Brauerei Hönig in Tiefenellern, die überdies auch noch ein super Kellerbier braut (Do geschlossen).

109_ Schloss Wernsdorf

Capella Antiqua Bambergensis

Ein Hort Alter Musik. Im altehrwürdigen Schloss Wernsdorf werden seit vielen Jahren musikalische Schätze aus dem Mittelalter, der Renaissance und dem Frühbarock gehütet und gehegt. Nicht staubig archiviert oder museal erstarrt, sondern in der einzigen Art und Weise, wie Musik lebendig werden und bleiben kann: indem sie auf die Bühne gebracht wird. Jährlich finden über ein Dutzend Konzerte der Capella Antiqua Bambergensis, dem Familienensemble des Hauses, und von Gastmusikern statt. Gespielt wird im Dachboden, zum Konzertsaal umgebaut, oder dem romantischen Innenhof des Schlosses.

Auf den Sommerkonzerten malt die Capella Antiqua Bambergensis mit Sackpfeife, Fidel, Drehleier und Rahmentrommel musikalisch ein keineswegs düsteres Bild vom dunklen Mittelalter. Die heitere Tanzmusik, jahrhundertealt und kreuzfidel, fährt einem direkt in die Beine. Bittersüß dagegen steigt der Klang der Viola da gamba an und steht für einen Moment im Raum, um dann herabzutröpfeln wie Honig. Ein Klang von frühbarock-melancholischer Tiefe. Regelmäßig gastieren Musiker in Schloss Wernsdorf – oder auch Schriftsteller und Schauspieler, die mit musikalisch begleiteten Lesungen ins Mittelalter entführen.

Musikalisch angemessen residiert und empfängt das renommierte Familienensemble rund um Wolfgang Spindler seine Gäste im ehemaligen fürstbischöflichen Schloss. Bereits zur Zeit Karls des Großen hatte hier eine Burg gestanden. Das heutige Schloss stammt aus dem frühen 17. Jahrhundert und steht auf den Grundmauern einer Burg aus dem frühen 12. Jahrhundert. Die Capella Antiqua Bambergensis nahm sich 1992 des Anwesens an und füllt das Schloss seither mit einem einzigartigen Konzertprogramm, mit Vorträgen, Unterricht und Instrumentenbaukursen (Tischharfe), einer Instrumentensammlung, der Manufaktur für historische Musikinstrumente … kurzum: mit neuem Leben aus Alter Musik.

Adresse Schloss Wernsdorf, 96129 Strullendorf-Wernsdorf, capella-antiqua.de | ÖPNV Regionalbus 970 und 975, Haltestelle Wernsdorf | Anfahrt vom Berliner Ring nach Süden, vor Strullendorf links und durch Amlingstadt nach Wernsdorf | Öffnungszeiten Schloss und im Sommer auch der Schlosspark sind für Konzertbesucher geöffnet | Tipp Das Gasthaus Schiller ist ein wunderbarer Ort, um fränkische Küche zu genießen, und weithin bekannt für sein überragendes Schäuferla, auch fränkische Dessertspezialitäten wie Apfelküchla oder Hollerküchla (ausgebackene Holunderblüten) – ein uriges Wirtshaus mit herrlichem Garten in der Amlingstadter Straße 14.

110 Der Hexenturm

Die dunkle Seite des Hochstifts

Zeil am Main ist ein bildhübsches kleines Städtchen mit Fachwerkidylle um den ansteigenden Marktplatz vor der Kirche, mit malerischen kleinen Gärten jenseits der Stadtmauer und dem markanten Wallfahrtskirchlein »Zeiler Käppele« auf dem Hügel. Der Turm an der Straße Richtung Haßfurt wirkt fast wie ein vergessener Kirchturm, dem das Gotteshaus abhandengekommen ist. Doch weit gefehlt, zwar war man auch hier im Auftrag des Herrn unterwegs, aber anders, als man meinen möchte.

Zwischen 1616 und 1631 war das Hochstift Bamberg, zu dem als Exklave auch Zeil gehörte, nach Köln und Mainz eines der Zentren der Hexenverfolgung, besonders zu Zeiten (1623–1633) des Bamberger Fürstbischofs Johann Georg Fuchs von Dornheim. Insgesamt brachte es das Hochstift Bamberg auf etwa 900 Opfer (davon etwa ein Viertel männlich). Erwischen konnte es jeden, der sich in irgendeiner Form verdächtig gemacht hatte, »mit dem Teufel im Bunde zu stehen«, darunter Priester, Nonnen, Adlige und Bürgermeister, sogar der Chronist der Hexenprozesse aus Zeil. Auf Anklage und Folter – in vier Graden – folgten fast ausnahmslos Geständnisse, aufgrund derer die Beschuldigten enthauptet und anschließend verbrannt wurden.

25 Hexengefängnisse zählte man in Zeil (bevor 1627 das Bamberger »Malefizhaus« als großes und zentrales Gefängnis gebaut wurde), eines davon befand sich hier im Oberen Torturm. Zu sehen sind nur wenige Exponate, dafür umso mehr Erläuterungen, eine Klang- und Lichtinstallation und schließlich auch der Turm selbst. Über steile Stiegen gelangt man zum sogenannten »Angstloch«, in das die oder der Angeklagte mit einem Seil in neuneinhalb Meter Tiefe in absolute Dunkelheit hinuntergelassen wurde.

Die Hexenprozesse endeten schließlich vor allem dank des politischen Drucks, den Kaiser und Kurfürst auf das Hochstift ausübten – und wegen einer neuen Katastrophe: dem Dreißigjährigen Krieg.

Adresse Dokumentationszentrum Zeiler Hexenturm, Obere Torstraße 14, 97475 Zeil am Main, Tel. 09524/949861, zeiler-hexenturm.de | ÖPNV Regionalbahn (RB) stündlich ab Bamberg, Dauer circa 15 Minuten | Anfahrt etwa 28 Kilometer westlich von Bamberg, entweder über die A 70 bis Ausfahrt Eltmann / Zeil am Main oder über die Bundesstraße über Eltmann | Öffnungszeiten Mitte März – Okt. Do – So und Feiertage 11 – 16.30 Uhr | Tipp Beim Zeiler Altstadt-Weinfest am ersten Wochenende im August wird der lang gestreckte Marktplatz zu einer einzigen Weinwirtschaft, nach dem Motto: »Fachwerk, Frohsinn, Frankenwein«.

111 Der Abt-Degen-Steig

Zu Ehren des Vaters des fränkischen Silvaners

Frankenwein ohne Silvaner, das ist wie Hans Moser ohne die Reblaus. Den Silvaner verdanken die Franken Alberich Degen. Der 42. Abt des Zisterzienserklosters zu Ebrach soll die robuste Rebsorte aus Österreich an den Main gebracht und erfolgreich gesetzt haben. Ihm zu Ehren ist oberhalb des beschaulichen Ortes Ziegelanger ein Weinwanderweg benannt: der Abt-Degen-Steig.

Das herrliche Wandergebiet erstreckt sich zwischen Zeil am Main, dem Geburtsort Degens, und dem kleinen Weindorf Steinbach. Steil fallen die Haßberge ins Maintal hinab. Es ist ein uraltes Weinanbaugebiet. Bereits im 11. Jahrhundert arbeiteten Mönche des Klosters St. Michael aus Bamberg in diesen Weinbergen. Es sind gesegnete Lagen – Südhangsonne, frischer Wind im Maintal, die Nähe des Flusses, mineralische Böden –, die auch heute noch den hiesigen Weinbauern und Genießern Freude bereiten. Einen Schoppen bekommt man in den umliegenden Wirtshäusern oder Heckenwirtschaften. Letztere haben eine Tradition, so alt wie der Weinbau: Den Weinbauern, auch den fränkischen Häckern, war von Karl dem Großen erlaubt worden, für eine begrenzte Zeit im Jahr den eigenen Wein vom Hof auszuschenken. Offen ist seit jeher, wenn Besen, Busch oder Kranz über Tor oder Tür hängen.

Wandert man durch die Weinberge, passiert man die ganze Vielfalt fränkischer Weinseligkeit: Riesling und Kerner, Scheurebe, Müller-Thurgau, Bacchus und Weißer Burgunder, dazu Spätburgunder, Dornfelder, Domina – und eben Silvaner. Wendet man den Blick von den Rebstöcken ab, eröffnet sich ein herrlicher Blick auf das Maintal und hinüber zur Wallfahrtskirche Maria Limbach. Immer wieder reichen malerische historische Winzertreppen die Weinberge hinauf, steinerne Stiegen zwischen den Rebstöcken. Und irgendwann kommt man sicherlich am heimlichen Wahrzeichen dieser Weinberge vorbei: dem Häuschen mit dem fröhlichen Gesicht.

Adresse Ziegelanger, 97475 Zeil am Main-Ziegelanger | Anfahrt am schnellsten über die A 70 (Ausfahrt Eltmann / Zeil am Main) oder die B 26 über Eltmann; Wandertafeln weisen in Zeil am Main, Steinbach und Ziegelanger den Weg | Öffnungszeiten am schönsten in den Morgen- oder Abendstunden | Tipp Die Martinsklause, Ziegelanger 6, ist Weingut und Restaurant. Die gute fränkische Küche orientiert sich saisonal und regional. Dazu genießt man natürlich einen Schoppen des Weinguts – innen weinselig urig, außen im malerischen Garten (Mo / Di Ruhetag, weingut-martinsklause.de).

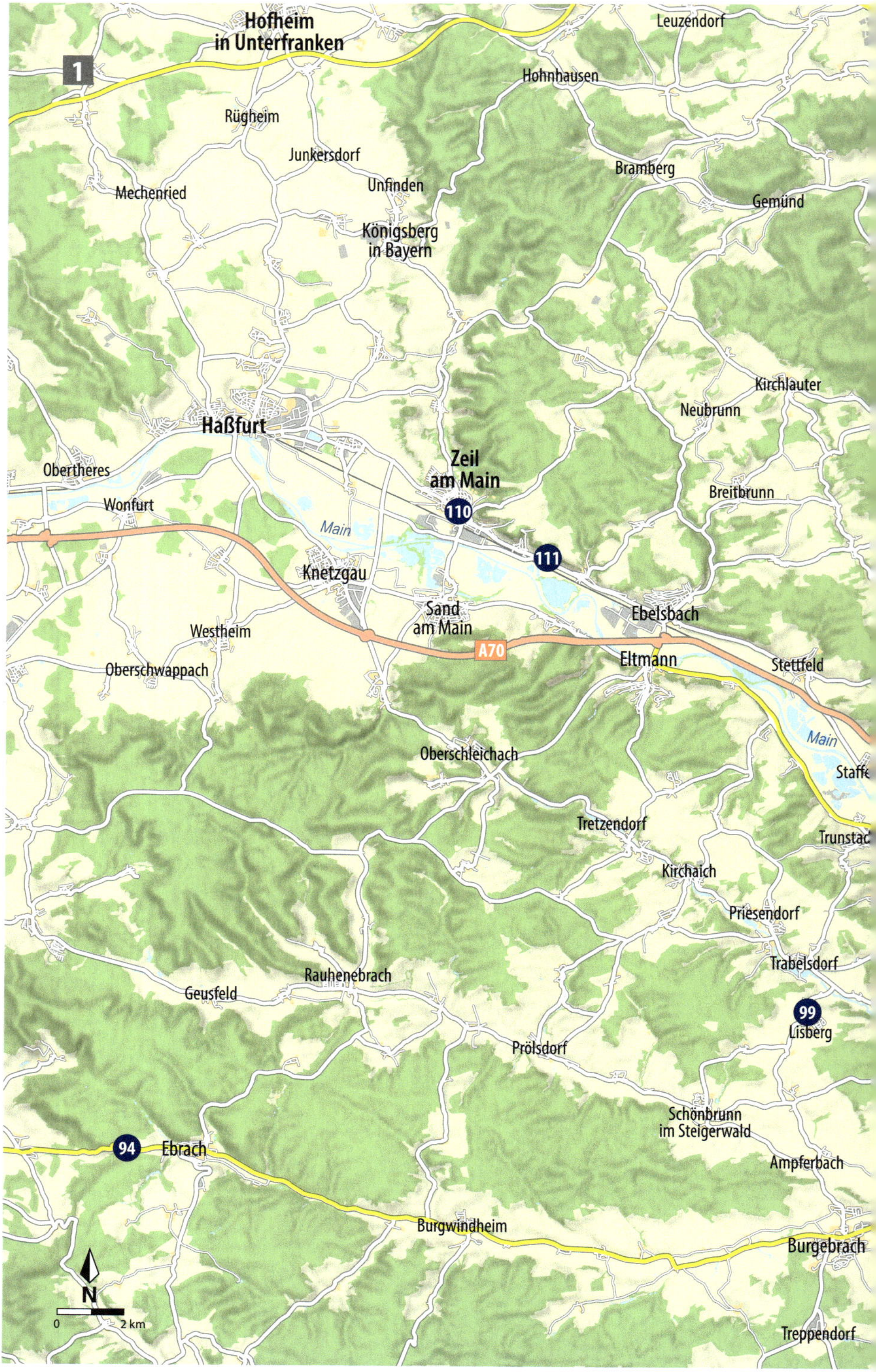
1
Hofheim in Unterfranken
Leuzendorf
Hohnhausen
Rügheim
Junkersdorf
Bramberg
Unfinden
Mechenried
Gemünd
Königsberg in Bayern
Kirchlauter
Neubrunn
Haßfurt
Zeil am Main
Obertheres
Breitbrunn
Wonfurt
110
Main
111
Knetzgau
Ebelsbach
Sand am Main
Westheim
A70
Eltmann
Stettfeld
Oberschwappach
Main
Oberschleichach
Staffe
Tretzendorf
Trunstad
Kirchaich
Priesendorf
Trabelsdorf
Rauhenebrach
Geusfeld
99
Lisberg
Prölsdorf
Schönbrunn im Steigerwald
94
Ebrach
Ampferbach
Burgwindheim
Burgebrach
N
0
2 km
Treppendorf

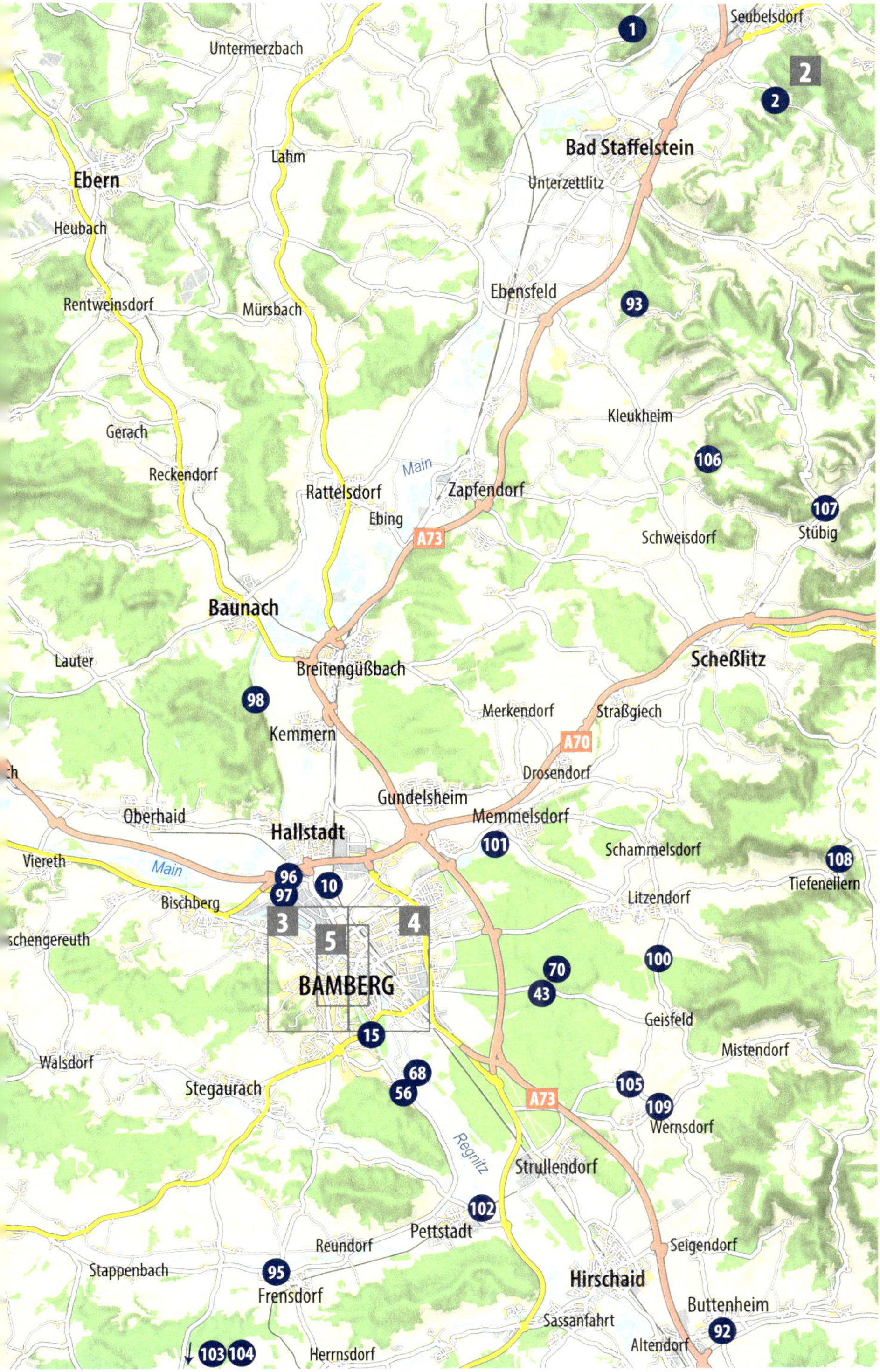
Untermerzbach
Seubelsdorf
Bad Staffelstein
Unterzettlitz
Lahm
Ebern
Heubach
Rentweinsdorf
Mürsbach
Ebensfeld
Kleukheim
Gerach
Reckendorf
Main
Rattelsdorf
Zapfendorf
Ebing
A73
Schweisdorf
Stübig
Baunach
Lauter
Breitengüßbach
Scheßlitz
Merkendorf
Straßgiech
A70
Kemmern
Drosendorf
Gundelsheim
Oberhaid
Hallstadt
Memmelsdorf
Schammelsdorf
Viereth
Main
Tiefenellern
Bischberg
Litzendorf
schengereuth
BAMBERG
Geisfeld
Mistendorf
Walsdorf
Stegaurach
A73
Wernsdorf
Regnitz
Strullendorf
Pettstadt
Reundorf
Seigendorf
Stappenbach
Frensdorf
Hirschaid
Buttenheim
Sassanfahrt
Altendorf
Herrnsdorf

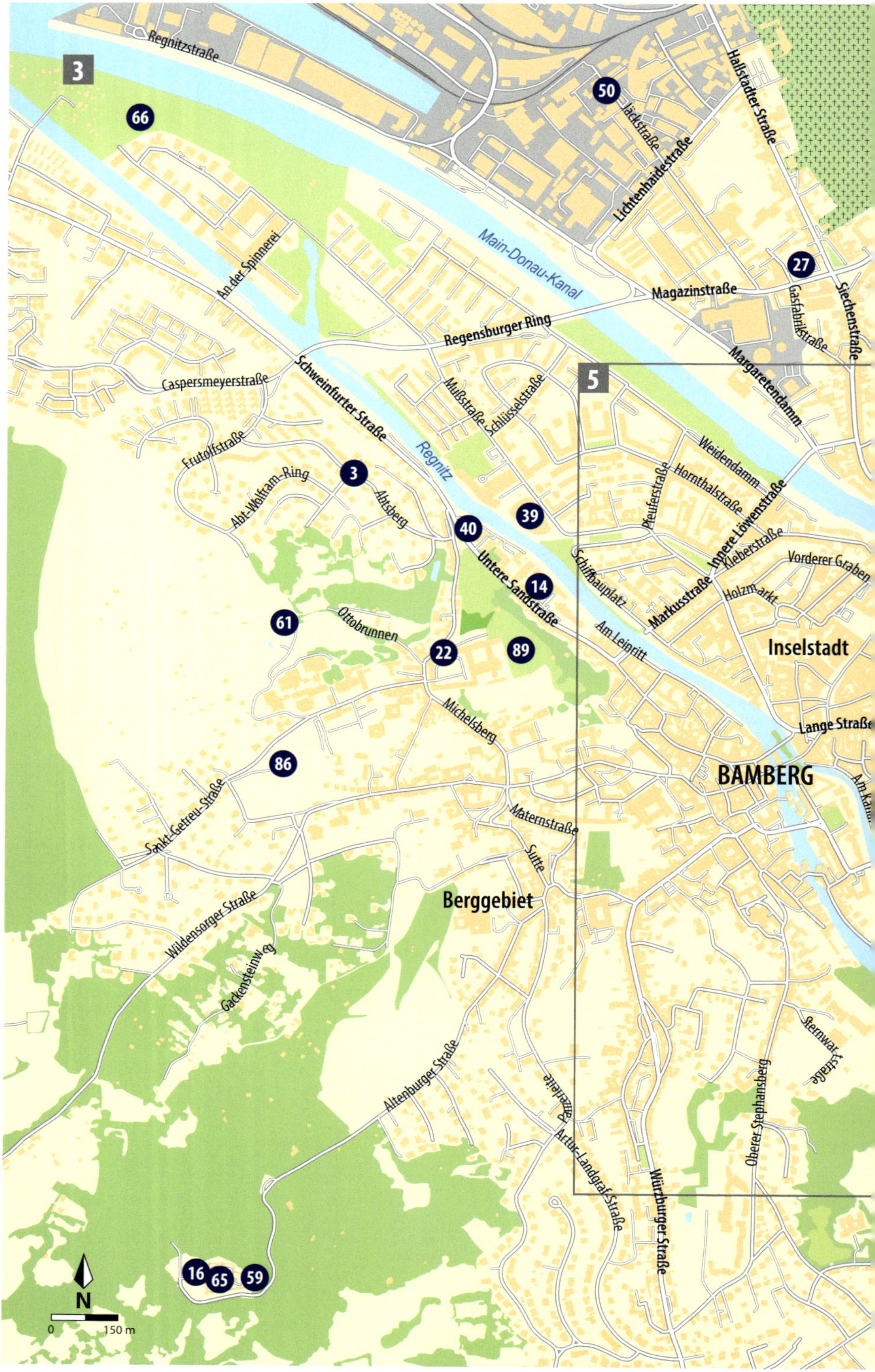
3
5
Regnitzstraße
Main-Donau-Kanal
Lichtenhaidestraße
Jäckstraße
Hallstadter Straße
Magazinstraße
Gasfabrikstraße
Siechenstraße
Margaretendamm
Regensburger Ring
An der Spinnerei
Caspersmeyerstraße
Schweinfurter Straße
Mußstraße
Schlüsselstraße
Regnitz
Frutolfstraße
Abt-Wolfram-Ring
Abtsberg
Untere Sandstraße
Weidendamm
Hornthalstraße
Pfeuferstraße
Innere Löwenstraße
Kleberstraße
Vorderer Graben
Schiffbauplatz
Markusstraße
Holzmarkt
Inselstadt
Ottobrunnen
Am Leinritt
Michelsberg
Lange Straße
BAMBERG
Sankt-Getreu-Straße
Maternstraße
Sutte
Berggebiet
Wildensorger Straße
Gackensteinweg
Altenburger Straße
Sternwartstraße
Oberer Stephansberg
Arthur-Landgraf-Straße
Würzburger Straße
N
0
150 m
66
50
27
3
40
39
14
61
22
89
86
16
65
59

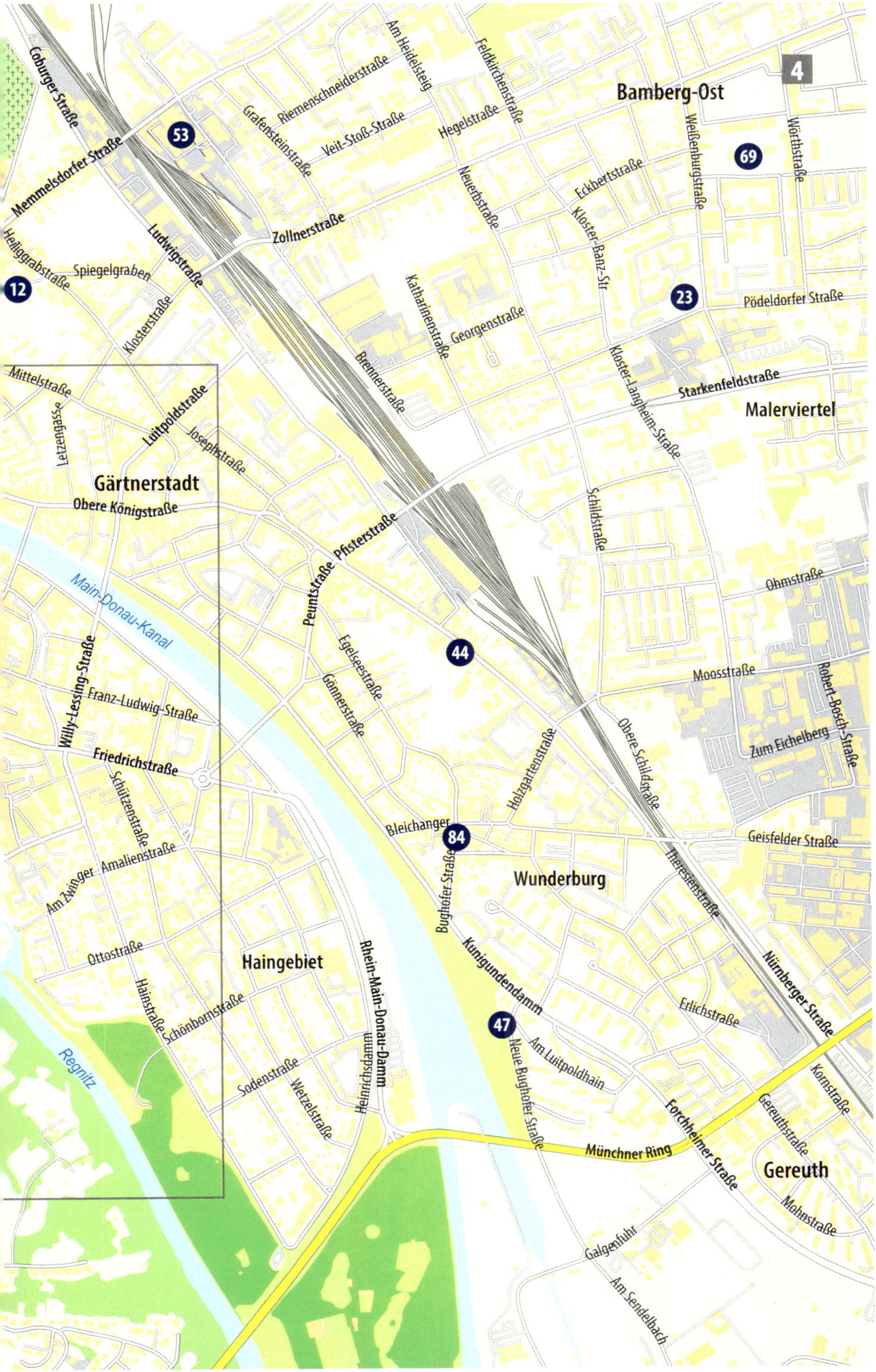

4
Bamberg-Ost
Malerviertel
Gärtnerstadt
Wunderburg
Haingebiet
Gereuth
53
69
12
23
44
84
47
Coburger Straße
Memmelsdorfer Straße
Heiliggrabstraße
Spiegelgraben
Ludwigstraße
Klosterstraße
Riemenschneiderstraße
Grafensteinstraße
Veit-Stoß-Straße
Am Heidelsteig
Hegelstraße
Feldkirchenstraße
Zollnerstraße
Neuerbstraße
Eckbertstraße
Kloster-Banz-Str.
Weißenburgstraße
Wörthstraße
Pödeldorfer Straße
Katharinenstraße
Georgenstraße
Brennerstraße
Kloster-Langheim-Straße
Starkenfeldstraße
Mittelstraße
Letzengasse
Luitpoldstraße
Josephstraße
Obere Königstraße
Schildstraße
Pfisterstraße
Peuntstraße
Main-Donau-Kanal
Ohmstraße
Egelseestraße
Gönnerstraße
Moosstraße
Robert-Bosch-Straße
Willy-Lessing-Straße
Franz-Ludwig-Straße
Friedrichstraße
Zum Eichelberg
Obere Schildstraße
Holzgartenstraße
Schützenstraße
Bleichanger
Geisfelder Straße
Amalienstraße
Am Zwinger
Bughofer Straße
Theresienstraße
Ottostraße
Rhein-Main-Donau-Damm
Kunigundendamm
Nürnberger Straße
Hainstraße
Schönbornstraße
Erlichstraße
Regnitz
Neue Bughofer Straße
Am Luitpoldhain
Sodenstraße
Wetzelstraße
Heinrichsdamm
Kornstraße
Forchheimer Straße
Gereuthstraße
Münchner Ring
Mohnstraße
Galgenfuhr
Am Sendelbach

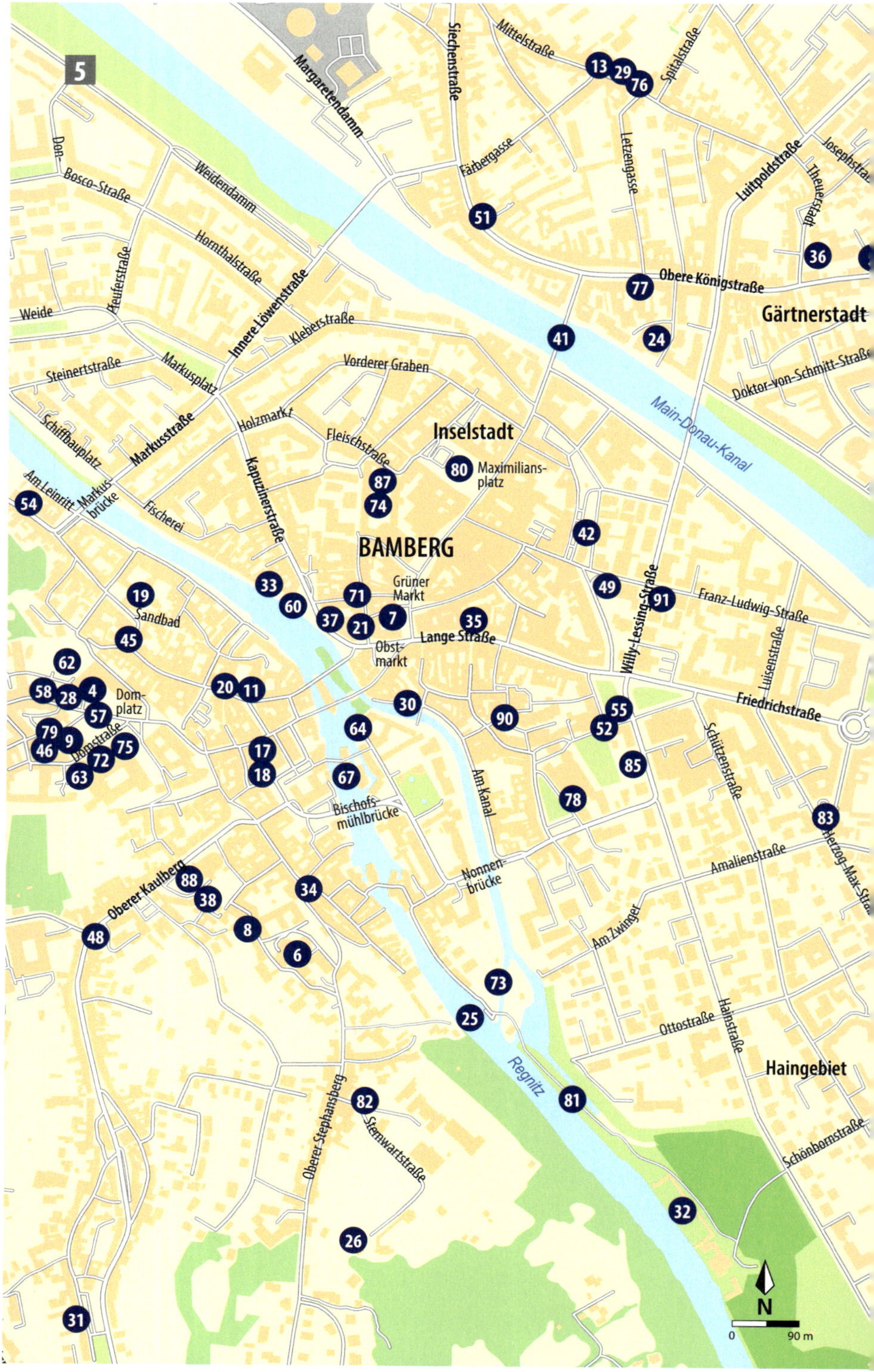
5
Margaretendamm
Siechenstraße
Mittelstraße
Spitalstraße
Don-Bosco-Straße
Weidendamm
Färbergasse
Letzengasse
Luitpoldstraße
Josephstraße
Theuerstadt
Hornthalstraße
Obere Königstraße
Gärtnerstadt
Heufferstraße
Weide
Innere Löwenstraße
Kleberstraße
Steinertstraße
Markusplatz
Vorderer Graben
Doktor-von-Schmitt-Straße
Main-Donau-Kanal
Schiffbauplatz
Markusstraße
Holzmarkt
Fleischstraße
Inselstadt
Maximiliansplatz
Am Leinritt
Markusbrücke
Fischerei
Kapuzinerstraße
BAMBERG
Grüner Markt
Sandbad
Franz-Ludwig-Straße
Willy-Lessing-Straße
Lange Straße
Obstmarkt
Luisenstraße
Domplatz
Domstraße
Friedrichstraße
Schützenstraße
Am Kanal
Bischofsmühlbrücke
Herzog-Max-Straße
Oberer Kaulberg
Nonnenbrücke
Amalienstraße
Am Zwinger
Ottostraße
Hainstraße
Regnitz
Haingebiet
Oberer Stephansberg
Sternwartstraße
Schönbornstraße
N
0
90 m
13 29 76 51 36 77 24 41 80 87 74 54 42 49 91 33 60 71 37 21 7 35 19 45 62 58 28 4 57 20 11 30 64 90 55 52 79 9 46 72 75 63 17 18 67 85 78 83 88 38 34 48 8 6 73 25 81 82 32 26 31

Harry Luck, Norbert Jung
111 Orte im und am Bamberger Dom, die man gesehen haben muss
ISBN 978-3-7408-1746-6

Bernd Flessner
111 Orte in der Oberpfalz, die man gesehen haben muss
ISBN 978-3-7408-2122-7

Siegfried Spindler
111 Orte im Frankenwald, die man gesehen haben muss
ISBN 978-3-7408-2195-1

Tim Frühling
111 Orte in der Rhön, die man gesehen haben muss
ISBN 978-3-7408-2377-1

Jochen Reiss, Rüdiger Liedtke
111 Orte Ludwigs II., die man gesehen haben muss
ISBN 978-3-7408-2096-1

Susanne Jagusch, Rudolf Jagusch
111 Orte im Vogtland, die man gesehen haben muss
ISBN 978-3-7408-1841-8

Dorothea Steinbacher
111 Orte im Chiemgau und im Rupertiwinkel, die man gesehen haben muss
ISBN 978-3-7408-2266-8

Thomas Rosky
111 (Klein)Gartenlokale in und um München, die man kennen muss
ISBN 978-3-7408-1453-3

Jochen Reiss
111 Orte im Fünfseenland, die man gesehen haben muss
ISBN 978-3-7408-2247-7

Kerstin Söder
111 Orte in und um Rothenburg, die man gesehen haben muss
ISBN 978-3-7408-2068-8

Evelyn Pschak von Rebay
111 Mal sauguad essen in München
ISBN 978-3-7408-2202-6

Reiner Vogel
111 Orte in Niederbayern, die man gesehen haben muss
ISBN 978-3-7408-2198-2

Dietmar Bruckner, Jo Seuß
111 Orte in Nürnberg, die man gesehen haben muss
ISBN 978-3-7408-2177-7

Rüdiger Liedtke
111 Orte in München, die man gesehen haben muss, Band 1
ISBN 978-3-7408-2126-5

Richard Auer, Gerhard von Kapff
111 Orte im Altmühltal und in Ingolstadt, die man gesehen haben muss
ISBN 978-3-7408-2047-3

Dorothea Steinbacher
111 Orte im Chiemgau, die man gesehen haben muss
ISBN 978-3-7408-2046-6

Lisa Graf-Riemann, Ottmar Neuburger
111 Orte im Berchtesgadener Land, die man gesehen haben muss
ISBN 978-3-7408-1803-6

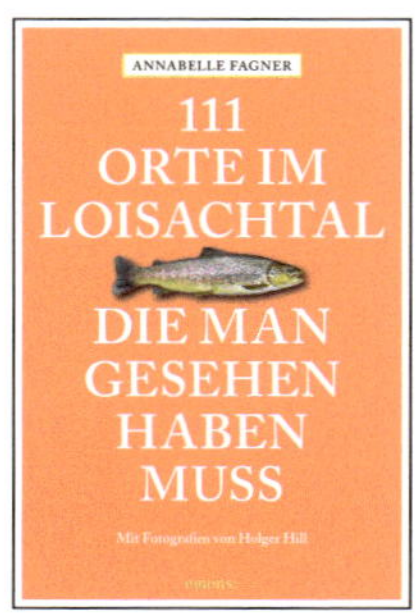

Annabelle Fagner
111 Orte im Loisachtal, die man gesehen haben muss
ISBN 978-3-7408-1683-4

Fotonachweis
© der Fotografien: Sabine Becht und Sven Talaron, außer:
Ort 13 oben: Marian Lenhard (Gärtnerei Sebastian Niedermaier), unten: Adobe Stock/Eduard Bardorf; Ort 39: Marian Lenhard (Stiftung Bamberger Symphoniker); Ort 46: Thomas Bachmann (Calderón Festspiele); Ort 54: Sabine Zweyer, Bamberg (Bamberger Marionettentheater); Ort 92: Levi-Strauss-Museum, Buttenheim; Ort 96: Silke Kossmann (Bullani); Ort 107 oben: Confiserie Storath; Ort 109: C.A.B., Schloss Wernsdorf

Reprogenehmigung Städtische Museen: Ort 9: © Museen der Stadt Bamberg, Inv. Nr. 46, Fränkisch, Umkreis Wolfgang Katzheimer; Ort 79: © Museen der Stadt Bamberg, Innenraum Marstall, Historisches Museum

Herzlichen Dank für alle zur Verfügung gestellten Fotos. Herzlicher Dank für die freundliche Fotogenehmigung geht auch an die Bayerische Verwaltung der staatlichen Schlösser, Gärten und Seen, das Erzbistum Bamberg, das Museum Kloster Banz, das Franziskanerkloster Vierzehnheiligen, die Evang.-Luth. Kirchengemeinde St. Stephan und das Residenzschloss Welcome Hotels Bamberg, sowie für alle weiteren formlos erteilten Fotogenehmigungen.

Sabine Becht verschlug es zum Studium nach Bamberg, wo sie seit über 25 Jahren lebt. Sie arbeitet als Reisebuch-Autorin für mehrere Verlage, unter anderem zu den Destinationen Italien, Griechenland, Österreich und in Deutschland zu Mecklenburg-Vorpommern. Für ihren Reiseführer Abruzzen erhielt sie den Premio Enit der italienischen Zentrale für Tourismus, darüber hinaus den ITB BuchAward für Piemont & Aostatal, Usedom und Mecklenburg-Vorpommern.

Sven Talaron wurde im tiefsten Oberfranken geboren und begann nach dem Studium, Reiseführer zu schreiben (Italien, Griechenland, Österreich und Deutschland). Seine Reisebücher wurden mehrfach ausgezeichnet: Rügen, Stralsund, Hiddensee mit dem ITB BuchAward, Abruzzen gemeinsam mit Sabine Becht mit dem Premio Enit für den besten Reiseführer zum Thema Italien, außerdem ITB BuchAwards zu Usedom und Mecklenburg-Vorpommern. Sven Talaron lebt und arbeitet in Bamberg.